Zauber des Weinstockmandalas

© 2019 Englert Axel

Herstellung und Verlag:

BoD- Books on Demand, Norderstedt.

Umschlaggestaltung/Fotos:

Eva Maria Shire "Soulspiritart"

BOD GmbH, Norderstedt

ISBN- 9783749484256

**„Ich bin der Weinstock –
Ihr seid die Reben!"**
(Joh. 15,1)

Inhalt

Muster des Geistes

Jede Erscheinung im Außen ist immer nur ein Gleichnis für ein inneres Geschehen!

So lenken auch Gleichnisse, genauso, wie Märchen und Träume den Blick weg, vom begrenzten logischen Verstand, mit seinen Strohhalmblicken, auf das Innere eines Menschen, weil es über seine symbolischen „Bildworte", emotionales und intuitives Begreifen von sinnhaften seelischen Themen bewirkt!

Sie führen eigentlich erst zu dem, was man „Spiritualität" nennt!

Spiritualität ist und bewirkt, die Öffnung des „Ichs" gegenüber der Seele, mit dem innewohnenden Göttlichen Funken, der mit dem menschlichen „Ich" erst die sinnhafte und zielführende Ganzheit eines Menschen, als „Rebe" am und mit dem ganzen Weinstock" umfasst Der in diesem Sinne spirituell werdende Mensch kann so mit seinen begrenzten Sinnesorganen mehr und mehr zum „Diener" und Boten objektiver seelischer Gegebenheiten werden, die sein Leben helfen, es durchblickend, sinnvoll und harmonisch zu gestalten. Die menschliche Wahrnehmungs- und Persönlichkeitsstruktur erweitert sich dabei um ein Vielfaches, mit größeren Freiheitsgraden!

Wenn ein solcher Mensch (Rebe!) sich schrittweise der eigenen Sinnfrage im Inneren zuwendet, beginnt er nicht nur so spirituell zu denken (*das ist leicht!*), sondern kann auch spirituell leben, aus tiefen emotional bewegenden Erkenntnissen und Botschaften über sich heraus.

Ein echter solcher Selbst-Werdungsprozess mit intuitivem Durchblick ist keine Flucht vor der Welt, sondern eine reife, leider oft nur unter Schicksalsdruck, stattgefundene Entscheidung, die dann keinerlei Enttäuschung mehr unterliegt. Er sucht vielmehr sein wahres „Sein"-seine Höchste Version", wie Gott ihn gedacht hat, in der Verbundenheit mit der Welt und Gott, dem „Weinstock", tief in sich hinein schauend, erkennend oder erahnend, dass wir alle zusammenhängen und ein Ganzes bilden.
Nur das kleine „Ich" - das Ego d.h. die zusammengezimmerte und fremd- oder eigengeprägte Tagespersönlichkeit kann dabei enttäuscht werden, und wie heißt es doch so schön:

„Der Mensch denkt – Gott lenkt!"

Das sogenannte „Selbst" ist dabei, im Gegensatz zum „Ich", das Ganze, - die Höchste Version eines Menschen. Es umfasst dessen bewusste und unbewusste psychische Vorgänge.

Es sieht das Leben aus einer höheren, ganzheitlichen Perspektive -Es ist voll von objektiven Bildern, Phantasien, Träume und Vorstellungen für eine gelungene „Heldenreise" für einen Menschen zu sich selbst! Und findet seinen Niederschlag im berühmten Gleichnis Jesu vom „Verlorenen Sohn", der zur „Rechten „des Vaters" (Weinstock) Platz nehmen darf, weil er reich an Erfahrungen aus seiner irdischen Wanderung als Sein "Himmlischer Schatz" ist, wenn sein Bewusstsein als Göttliches nach Loslassen der irdischen Form (Rebe!) wieder vereint wird!

Das Selbst bildet die Ganzheit in jedem Menschen, auch Seele genannt. Aber solange man als Mensch (Rebe) in der Welt von Gegensätzlichkeiten in Form von anderen Reben am Weinstock lebt, geht es nicht ohne ein sich erfahren könnendes „Ich". Es wird aber mit zunehmender Erkenntnis, sprich weiterem Bewusstsein, der Verbundenheit mit dem Weinstock, zwar immer mehr zum Ausführenden, von diesem, behält aber seine nun größere Individualität.

Spiritualität bedeutet des Weiteren, das Vorhandensein und sinnvolle Wirken einer göttlichen Kraft überall sehen zu lernen, auch in einem selbst, in die wir alle, sowie im „Gleichnis vom Weinstock" einbettet sind!

Bewusstsein ist dabei ein oft benutztes Wort, wenn es um Spiritualität geht und ebenso in esoterischen Kreisen. Aber was genau ist Bewusstsein, wann ist jemand bewusst und damit auch spirituell?

„Bewusstsein" ist ein wesentliches Merkmal von Spiritualität, darf aber nicht mit Wissen verwechselt werden. Es ist vielmehr das Endprodukt, die Essenz aus Verstehen, Intuition – der objektiven Sprache des Göttlichen,- Empfinden und handelnder Erfahrung. Wer ein solches weiteres Bewusstsein von sich selbst ist automatisch „spirituell".

Bewusstsein ist dann "bewusstes Sein", das Weisheit umfasst, sprich auch verdaute eigene Erfahrung und keine gekaufte geistige Ware.

Spiritualität letztendlich bedeutet zu erkennen:

"Ich bin Gott (Weinstock!) – sein Ebenbild als „Rebe", in körperlicher Erfahrung, aber alles andere auch!"

Eine solche wachsende Wahrnehmung, auch oft mit Erleuchtung benannt, muss aber keine Exstase sein und man erfährt eine Wahrnehmung mit Zusammenhängen, die weitaus größer sind, als ein menschliches Tagesbewusstsein. Es ist ein Gefühl, als komme man mehr und mehr oder manchmal plötzlich, aus eigener Dunkelheit gekommen und registriert ganz deutlich, wie unbewusst doch die eigene Bewusstheit bisher gewesen ist! *(Vgl. das Höhlengleichnis von Platon!)*

Spiritualität heißt doch sich schrittweise der eigenen Sinnfrage im Inneren zuzuwenden. Ein solcher Mensch beginnt nicht nur so spirituell zu denken (das ist leicht zu lernen), sondern kann auch spirituell leben, aus tiefen empfundenen Erkenntnissen über sich heraus, d.h. er beginnt seine Situation mit ihren Wachstumsaufforderungen zu durchblicken und durch Veränderung seines Inneren eben zu gestalten! - auch seinen Platz in der Welt zu finden, mit den Anlagen und Möglichkeiten, die ihm offen stehen!

Spiritualität ist, die wahrhaftige Selbsterkenntnisarbeit an sich zu erfahren, im "Wer du bist" in deiner Einzigartigkeit und diese Erkenntnis im Sinne von: "Wie innen, so außen" mehr und mehr in der Welt zum Ausdruck zu bringen!

Sie bedeutet, dass du dir bewusst wirst, bzw. tief aus dir heraus erkennst, dass du kein begrenztes Einzelwesen bist, das sich der Welt ausgeliefert und von ihr getrennt sieht! - dass du dir mehr und mehr als Rebe erfahrbar bewusst wirst , dass aus dir in Verbundenheit mit dem Weinstock heraus mehr umfassendere Facetten und Sichtweisen erfahrbar werden, und du noch freier und bewusster deine Welt wählen bzw. erschaffen kannst, und weist warum du es tust. Du reagierst dann nicht mehr, sondern agierst mit deiner umfassenderen Schöpferkraft. Du erschaffst dann nicht mehr durch Kampf, Angst oder Bedürftigkeit/ Abhängigkeit vom Materiellem, das dein mangelnden Selbstwert füllen soll, sondern aus reiner Freude an Verbundenheit und Entfalten, weil du jetzt weist, dir immer bewusster wird, dass du „IN Allem Was ist" eingebettet bist.

Doch gerade das Leben und die Erkenntnisse aus der „Tiefe", aus dem Inneren, dem „Weinstock" ist die Bedingung dafür, dass wir trotz und in der Fülle der Angebote erfahren können, was wert zu leben ist und was nicht. Dieses tiefere Leben gehört zu den zentralen Bedingungen für die Entwicklung der Kraft, die wir brauchen, um mit Leidenschaft gegen eine weitere Schwächung unserer natürlichen Basis Front machen zu können.

Erstmalig ließ der Psychologe C.G. Jung, wissenschaftlich in ganzer Breite, diese mystischen Zusammenhänge, ohne konfessionelle Dogmen auferstehen. Er erkannte in seinen Forschungen an psychischen Erkrankten deutlich, dass im Menschen wirkend, wirklich eine machtvolle schöpferische und gestaltende Kraft existiert. Dieser Geist, den wir Gott nennen, ist tatsächlich in seiner Schöpfung eine kollektive Erfahrung von allem, was ist und sein wird.

In jedem Geschöpf, in jedem Mensch drückt er sich als individueller Aspekt über die Seele (Selbst) als individueller Bauplan über die Körperlichkeit aus um sich selbst erfahren zu können

Die Grundlage für diese Sachverhalte schilderte schon vor 3000 Jahren der alte Hermes Trismegistos in seinen Hermetischen Gesetzen, die von C.G.Jung, Mystikern alle Kulturen und heute von Quantenphysikern auf der ganzen Linie bestätigt werden, dass nämlich alles miteinander verbunden ist und sich wechselseitig beeinflusst, dass Gott kein alter weiser Mann mit weisem Bart ist, getrennt von seiner Schöpfung, sondern ein Bewusstseinsfeld, ein lebendiges Lebensnetz, in dem alles eingebettet und verbunden ist, als Muster und Formen von flirrenden und verdichteten Energieansammlungen und ~mustern.

Wenn aber der Bezug zu dieser inneren Quelle bzw. dem psychischen Meer des Allumfassenden (Weinstock!) mit ihrem Bestreben nach Verbundenheit, mit allem was ist, durch Moral und äußere Symbole als Ersatzgötter ersetzt wird, (was mangelndes Bewusst sein für das Innere bedeutet) , dann wirkt sich das verheerend aus, weil es nur noch um äußere Macht mit Regeln und Normen und Taboos geht, aber deren Sinnhaftigkeit und Verbundenheit mit dem Unbewussten und dessen Lebensnetz verloren ist.

Der Mensch (Rebe!) hat sich dann durch alleinige Außenorientierung davor verschlossen, wie eine Staumauer, wo doch nur seine unbewussten seelischen Inhalte bewusst ins Leben integriert werden möchten, um harmonisches „Heilsein" erfahren zu können.
Er versucht diesen Druck von Innen, wie die Rebe „Hopi", mit den äußerlich gespiegelten Schwierigkeiten immer mit dem Verstand, also an der Oberfläche, durch gewisses Verhalten oder Tun zu lösen, ohne Offenheit für die Kraft des Weinstocks erfüllen zu lassen, die es für ihn geschehen lassen kann!

Diese Betrachtung relativiert natürlich eine allmächtige Einschätzung eines kleinen Egos, sich vermeintlich frei im allumfassenden „Göttlichen" bewegen zu können, völlig dem großen Rahmen oft widersprechend, in dem man sich bewegt.

Es mag sein, dass man sich mit seinem bewussten Willen Freiheitsgrade erarbeitet, je bewusster man sich nicht mehr emotional mit Gegensätzen oder Leidenschaften identifiziert, aber frei von der Eingebundenheit vom Ozean des Unbewussten mit seinen Schicksalsthemen ist oft nicht möglich, da man immer eingeprägten begrenzenden subjektiven inneren Werturteilen arbeitet und immer Werturteile abgeben muss, je mehr man sich neuen Freiheitsgraden in seinem Bewusstsein nähert und nicht Passendes dafür ausscheiden oder zurück lassen muss! –Dagegen kann sich der Mensch nicht mehr wehren, sondern nur zulassen
(*Vgl. AT Der Prophet Jonas, der im Bauch des Walfisches – dem Symbol für das ihm noch unbewusste Göttliche hilflos einige Zeit ausharren musste*)

Irgendwo wird man immer im Alltag natürlich "gezwungen" als polares Wesen Stellung zu beziehen in den Gegensätzlichkeiten, Kontrastierungen einer Welt, in die sich dieser Große Geist in Formen, Bildern und Symbolen manifestiert, sich kleidet! - und da ist es oft nicht möglich, als beschränkter Mensch mit seinem Tagesbewusstsein und angelerntem Wissen ein Leben erschaffen, das sich „gut" anfühlt. Da ist er als Mensch oft nicht Herr im Hause, zu entscheiden, was sich „Gut" anfühlt!

Das Ego mit seinem propagierten „Ich will" ist eben oft nicht oder nur begrenzt Herr im Hause und meist da auch nicht in seiner Lebensplanung. Als Mensch ist und bleibt er immer ein polares Wesen, auch eingebunden in ein transpersonales , sprich nicht seinem Willen unterliegendes Schicksal in das ihn das Allumfassende – der Weinstock letzthin stellt – Da hilft das „Ich will" überhaupt nichts!

Das geht sogar soweit, dass ihn dieses Göttliche, sogar in Situationen bringt, die über sein „normales" Persönlichkeitswachstum hinaus gehen und ihn mitten in ein religiöses oder politisches Schicksal hinein stellt. Das nennt man spirituelle Krise und im Extrem in drastische wandelnde Persönlichkeitsänderungen, wo es plötzlich in einem "Bursting point" den Menschen mit seinen Inhalten auch über drastische Situationen überflutet und zu einer Lebensänderung zwingt.
(*Vgl. Paulus- Damaskuserlebnis, Luther, Fanz v. Assisi, Buddha, Jesus etc.*)

Gegen ein solches „Transpersonales Schicksal" (sprich: Absicht des Weinstocks!) - kann der Mensch sich nicht mehr wehren, wenn ihn der „Große Geist" - quasi "verschlingt" (*z.B. wieder: NT - Jonas-Walfisch*) und ihn wie eine Raupe zum Schmetterling verwandeln möchte.

8

Hier bleibt nur noch zu guter Letzt dieses "Dein Wille geschehe" übrig!

Was wäre dann die richtige Bewusstseinseinstellung, die zur unbegrenzteren Bewusstseinserweiterung eines „Ich" -befangenen Egos führt, die auch im Gleichnis von der Rebe am Weinstock geschildert wird:

„Durch mich lasse ich Realität werden, ich arbeite mit der Realität im Inneren und Außen und erhöhe und erweitere damit meine Realität, die ich durch meine Sinne und meinen Willen meist als zu beschränkt empfinde!"

Richtig formuliert und erkannt müsste man es so formulieren:

„Nicht ich schaffe mich selbst, ich geschehe in mir selbst und durch mich wird Realität!

Das ist der weibliche Gegensatz zum männlichen außenorientierten „Ich will", das nur Kampf, Leistung und Zielerreichung und Tun, propagiert!

Das erfordert in den Hereinforderungen des durchsetzungsorientierten Alltags oft großes Vertrauen!

Nebenbei: Bin ich dann nicht Opfer fragt der Verstand?

Ja! - Opfer ist man dann immer! – bloß der Unterschied liegt darin, dass man im Unterschied als Opfer von bedürftigen menschlichen Machtgelüsten oder Bedürftigkeiten, ein Opfer von etwas Unbegrenztem wird und was kann von einem Unbegrenzten (Weinstock!) im Gegensatz zu einem bedürftigen Menschen (Rebe) eben nur kommen:

Unbegrenzteres, höhere Freiheitsgrade, Verbundenheit und damit mehr erfahrbare Verbundenheit, Respekt, für sich und mit dem Lebensnetz!

Wie sieht das praktisch aus?

Wenn man grundsätzlich bereit ist, etwas Sinnvolles zu tun; wenn man bereit wird, alle eigene Vorstellungen und Wünsche primär einmal loszulassen, und sich grundsätzlich einverstanden erklärt, es Gott – dem Weinstock - mitgestalten zu lassen.

Wenn man also dieses Grund und Urvertrauen entwickelt, schafft man mit diesem Vertrauen jede herangetragene Aufgabe.

Aus diesem Vertrauen erst heraus, kommt dann der passende Beruf, Tätigkeit oder Partnerschaft, im Gleichklang mit dem Allumfassenden Geist/Weinstock zu.

Also, die Voraussetzung ist erst einmal, dass der Mensch, als Rebe, bereit ist, es ohne zwingendes krampfhaftes Wollen geschehen zu lassen.

Natürlich ist es so, dass diese Formulierung allem widerspricht, was er jemals gehört hat, von Verantwortung, von Selbstbestimmung, etwas sollen, tun müssen, verpflichtet sein etc.
Aber wie will der Mensch bzw. eine Rebe die Verantwortung für sich und sein Leben und Wachstum übernehmen, wenn doch die Herausforderungen seines Lebens, sowie des Lebens im Allgemeinen so schier unüberwindbar groß geworden sind und scheinbar immer größer werden?
Wie will er wirklich, als seinen Stimmungen, seinen angeblichen Unzulänglichkeiten unterworfen, hier Verantwortung tragen für das Morgen, für die Katastrophen der Welt, für deren Ungerechtigkeit?

Kann er das überhaupt? - Kann ein Mensch überhaupt hier Verantwortung übernehmen. Sicher, er kann da und dort etwas einsetzen, aber die Verantwortung, die ist zu groß.

Hier gilt es nun tatsächlich zu erkennen, dass die Verantwortung für das Leben, wegen mangelnder Fähigkeit zum Überschauen der Situationen in Zeit und Raum an sich ja nicht beim Menschen liegt. Er kann und er wird in vielen Situationen immer wieder darauf hingewiesen, dass er, der Mensch grundsätzlich an sich hilflos ist.

Ja, der Mensch ist hilflos, er ist schwach, aber er es gilt nun zu erkennen, dass er immer in ständigem Regelprozess mit dem Göttlichen steht. Dieses versucht immer aber immer sinnstiftende und zielführende Schöpfungsakte, geordnete sinnvolle Zufälligkeiten und Ordnung zum richtigen Zeitpunkt in das Leben einfließen zu lassen. Es eröffnet dann etwas nicht Dagewesenes Vorstellbares in Bezug auf Situationen, Personen, im echten Augenblick - auch „Fügung" oder „Wunder" genannt!

Das erfordert aber immer durch einen Akt der Geduld mit Offenheit, die richtige Zeitqualität zulassen zu können!

Es kommt dann zu hilfreichen Hinweisen zur Erweiterung des eigenen Rollen- und Selbstverständnisses, Handlungsspielräumen und Perspektiven als Wegweiser!

Es kann dabei Krisen einleiten. um eine neue Verbundenheit zu sich und den schwierigen Situationen eines Menschen herzustellen. Solche kleineren oder großen Zwangsaufbrüche mit unangenehmen Situationsverdichtungen sind eben dann auch Sinnkrisen oder „spirituelle Krisen" oder „Dunkle Nacht der Seele"! (eigentlich: „Nacht des Egos"), genannt, wo das Göttliche neue Blüten und Samen vorbereitet, von dem das Ego nicht viel mitbekommt und meint, in einem depressiven Loch ohnmächtig zu stecken, was aber zu gegebener Zeit sichtbar ins tägliche Leben durchbricht, von entscheidenden Lebensumbrüchen begleitet!

Es erfordert auch die Bereitschaft, gerade das Irrationale, dem begrenzten Verstand nicht zugängliche zuzulassen! - und auch wenn etwas Krisenhaftes passiert, dann steht dahinter immer der Leitsatz:

„Alles, was nicht funktioniert, dient der Qualitätsverbesserung!"

Das geschieht dann auch aus einer umfassenderen Perspektive, eben oft durch Wunder!

Ein Wunder ist das, was außerhalb der vorstellbaren Möglichkeiten deines Denkens und Wissens bzw. Überzeugungen liegt und das ist hier der Punkt:

Lass Wunder geschehen, aber Wunder geschehen lassen kannst du nur dann, wenn du die Begrenzungen deiner Vorstellungen bzw. „Nicht-Vorstellungen" bereit bist, loszulassen und deine inneren „Glaubensfesseln" zu sprengen.

Die Erfahrungen der Vergangenheit in die Zukunft projiziert, das ist das was der Verstand und das redliche Wissen kann, das was ihm real und realistisch und vernünftig erscheint. Einen nicht vorstellbaren Fortschritt, eine vor allem aus den gegebenen Voraussetzungen heraus nicht vorstellbare Veränderung ist der Verstand nicht bereit anzunehmen. Dort ist bei ihm oft keine Bereitschaft vorhanden.

Wenn du also unpässliche Darstellungen erlebst, so handelst bzw. kämpfst du immer in oder gegen deine eigene Vergangenheit mit blockierenden, oft geprägten Empfindungseinstellungen. Mit dem Kämpfen gegen das, sich im Außen manifestiert habende „Schuldige", wie bei der Rebe „Hopi" schürst du nur noch das negative Störfeuer in deiner Zukunft. Du schenkst diesem nur noch mehr Energie!

Aber die Frage „Was hat das mit mir zu tun", also nach der Ursache in meiner Vergangenheit, wird nie gestellt.

Du verstärkst so immer das „Kranke" – die Unordnung in dir, mit entsprechenden inneren Bildern und Glaubenssätzen, anstatt die gesunde Kraft des Weinstocks in dir und verkennst symbolisch, dass jegliche alte Tafelaufschrift erst zunächst gelöscht werden muss, um Neues schreiben bzw. zulassen zu können!
Du kannst dich aber auch weiterhin jeglicher Lernerfahrung bzw. Veränderung verweigern, aber du wirst dann immer wieder in ähnliche, meist intensivere schmerzhafte Lebenssituationen geraten, obwohl du vermeintlich an dich verstandesmäßig glaubst oder vermeintlich redlich weißt!

Wenn du aber den Mut aufbringst den Ursachen deiner alten Gefühle ins Gesicht zu schauen, werden diese keine Macht mehr über dich haben. Durch Akzeptanz und Änderung deines (Mangel~) Innersten löst du die Ursache für deine Schwierigkeiten und du betrittst eine neue harmonischere Ebene deines Seins, die tatsächlich den Glauben und das Wunder erfahren kann!

Du bist niemals getrennt von dem, was du erfährst. Du selbst bist Beobachter und Beobachtetes. Das, was du für deine Wirklichkeit hältst, ist dein persönliches Märchen, dein selbst erschaffenes Wunder.

Dein Glaube an dich und den Weinstock in dir, ist die einzige Voraussetzung, derer es bedarf, um dein Leben zu meistern. Da gilt es im Affekt also Ruhepunkte zu suchen d.h. die geöffneten Sinne für das Innere dürfen im Gefühlssturm nicht getrübt sein.

Öffnen wir uns so dem Geist des „Weinstocks", dann erleben wir sinnorientierte Werte, über innere Bilder und Symbole , die verändern und neue Erfahrungsebenen im Außen bewirken, sprich deine Situationen, dein Leben ändert sich mit neuen Horizonten, in der du weiter sehen kannst.

Nur wer sich aber den inneren Bildern aus dem Inneren – dem Weinstock mit seiner geistigen und saftspendenden Kraft öffnet, dem erschließen sie sich in seinen heilbringenden Kräften, die wirklich nachhaltig in seinen Lebensplan passen. Deshalb findet Zugang zur inneren Welt der Bilder, der Gefühle und den Gefühlskräften, der Ahnungen, Einsichten und Weisheiten nur der, der sich auf den „Weinstock" einlässt, sich ihm anvertraut.

Wer diesen aber skeptisch, misstrauisch oder überheblich „beäugt", kann keinen Zugang zu ihm finden. Nur wer ihm Vertrauen schenkt, dem zeigt er ihre seine unbegrenzte innere Wirklichkeit.

Nur wer tut, was sie ihm sagt oder geschehen lässt, erfährt seine lebensverändernde Kraft, dem vertieft er sich, schenkt Halt, Glaube, Vertrauen, Kraft, Verbundenheit mit der Welt und harmonischeren Lebensfluss.

Du bist niemals getrennt von dem, was du erfährst. Du selbst bist Beobachter und Beobachtetes. Das, was du für deine Wirklichkeit hältst, ist dein persönliches Märchen, dein selbst erschaffenes Wunder, als Weinstock in der Körperlichkeit einer „Rebe".

Das zeigt uns im Nachfolgenden nun das Gleichnis von Jesus „vom Weinstock und den Reben" (Joh. 15,1) in eindrucksvoller Weise! - wobei hier anzuführen wäre, dass Jesus hier nicht von sich spricht, sondern das Allumfassende, das sich Gott nennt, sich so durch diesen mitteilt, genauso, wie durch jeden anderen Menschen!

Gerade dieses vorliegende Buch greift also, in seinen grundlegenden lehrreichen mystischen Ausführungen das Obengenannte im Weinstockgleichnis Jesu eindringlich auf und zeigt praktisch, wie wichtig es ist, sich mit seinen meist unbewussten Glaubenssätzen sowie inneren Bildern „zusammenzusetzen", die einen Lebenserfolg bzw. Erfüllung prägen, gemäß dem Spiegelgesetz:

„Wie innen, so außen"!

Es ist dabei von eminenter Bedeutung zu erkennen, dass es für deine Seele oft nicht darauf ankommt, was du tust, sondern mit welcher Einstellung zu dir es geschieht!

Wenn du dich änderst, ändert sich auch deine umgebende Welt!

Ist das nicht das größte aller Wunder?

Finde dich also in dir, finde deine eigene Göttlichkeit bzw. Gott in dir, deine Kraft, deine Sicherheit, deine Verbindung mit Gott, dem „Weinstock" und du findest das Glück bzw. Fluss deines Lebens, die „Erfüllung".

Der Weinstock der Welt

Es existiert da ein Weinstock, der den Namen „Gott", d.h. das Allumfassende trägt.

Dieser hat viele Äste und Zweige. Neben vielen saftigen Zweigen waren aber viele knorrig, verholzt und verkrüppelt, ständig gelben Blättern oder in ihren Formen und verhutzelten Beeren, schon fast abgestorben!

Da gebar der Weinstock einen neuen jungen Zweig „Hopi", indem er sich mit seiner Bewusstseinskraft, mit einer neuen „Zweigidee", die er „Seele", als sein „Bildwerk" nannte, wieder in eine Knospe ergoss.

Dieser Schößling ging auf, wuchs nun als zarte Rebe, genannt „Hopi", langsam heran. Aber neben den älteren knorrigen Ästen und anderen Zweiglein entwickelte sie zunehmend viel Angst, da diese Äste um es herum peitschten und ihn beim Wachstum behinderten, weil sie neben sich ihren Raum vor „Eindringlingen" verteidigen wollten.

Mehr und mehr duckte sich das Zweiglein, fühlte sich zusehends alleine, von der Mutter „Weinstock" im Stich gelassen und von Feinden umgeben, obwohl ihn einige andere Zweige beschützten, Mut machten, standzuhalten und nicht aufzugeben.

Der junge Zweig „Hopi" war verzweifelt und er befolgte den Rat, den er von dem Weinstock bei seinen nächtlichen Gebeten und Träumen, in seiner Verzweiflung als Ahnung bekam:

„Du bist die Kraft - Du bist die Stärke deines Seins – Du bist der Meister deines Lebens – Glaube an dich und in mich!

Setze dich auch durch und entwickle einen starken aber biegsamen Stengel und werde härter im Nehmen.

Erfahre dich so als eigene Zweigpersönlichkeit. Wandle deine biegsame Rebe mehr in Holz um, um dich und deine Macht und Stärke etwas zu bewirken, mehr spüren zu lernen.
Liebe dich selbst – Du brauchst es, mit deinem „Ego" – deiner dir bewussten Persönlichkeit, nach außen gehend, mit deinem „Ich will", um dich unter den Zweigen selbständig und einzigartig und dich gewachsen empfinden zu lernen", damit du in dieser Stärke, auch später, viele saftige Trauben tragen kannst

Voller Zweifel befolgte der Zweig seinen Rat und entwickelte so ebenfalls holzigere „Haut" verstärkte sich zu einer ansehnlichen starken Rebe, die den anderen dann auch Respekt abverlangen konnte. Aber, obwohl er mit der Zeit so groß und stark war, wie die anderen Zweige, blieb es immer beim ständigen Kampf und der Abwehr, auf Kosten saftiger Beeren.

Er drohte nun vielmehr ebenfalls gänzlich zu verholzen und mehr und mehr seinen inneren Kraftfluss zu verlieren, da der Zweig nur daran glaubte, dass Kampf und Durchsetzung das einzige Mittel sei, um bestehen und wachsen zu können. Seine keimenden Blättchen und Beeren waren verrunzelt und er fühlte sich zunehmend kraftlos und sehr wütend!

Da kleidete der Weinstock seine Lebenskraft in ein Bild von einem lichtumfluteten geflügelten Weinstockengel Baumengel, der dem Zweig im Traum erschien und zu ihm sprach:

„Einst sprach ich davon, dass du an „Dich" und an „Mich" glauben sollst. Das hast du vergessen. Du hörtest nur den zweiten Halbsatz, den du als deine alleinige Richtschnur für dein Lebens nahmst!

Richte nun mehr und mehr deine Aufmerksamkeit und deinen Atem immer öfters nach Innen – Schau damit offen und tief in dich hinein, zum mir, der ich doch in dir bin. Mache dich weit und fühle dich weiter und weiter mit jedem Atemzug. Das erst lässt meine Kraft dann mehr und mehr für dich fließen.

Spüre es: Jeder bewusste Atemzug ist Vertrauen, denn wenn du atmest, dann lässt du mit Vertrauen ja auch diesen los, in der Gewissheit einen neuen geschenkt zu bekommen. So atmest du immer das Vertrauen zu mir und zu dir!

Das hast du und die meisten der anderen vergessen! – Ständig gebe ich auch den anderen diese Botschaft, aber sie wird nicht mehr vernommen oder befolgt. Sie kämpfen nur weil sie sich minderwertig fühlen und Angst haben, meine Kraft, die ja auch die Ihrige ist, zu zulassen!
Lasse diese Kraft in dir wieder zu, die dich noch weiter wachsen lässt, während du dich im Außen deinen Herausforderungen stellst!

Siehe! ich bin die unbegrenzte Kraft, die tief in deinem Bewusstsein als zartes Zweiglein schlummert, aber angeschlossen an dich ist. Von dieser Kraft meines allumfassenden Bewusstseins gehen alle Zweige und Äste und Blätter und Reben aus.

Wenn du einmal von der Grundvoraussetzung ausgehst, dass du und alles, immer eingebettet in meinem Bewusstsein existiert, als mein Bildwerk, das ich ja in mir und aus mir heraus bin, du dieses Bewusstsein also ebenfalls zur Entfaltung bringen

*könntest, so wäre das grundlegende Talent, das du möglicher-
weise hast, ebenfalls das Talent deiner Unbegrenztheit und
großer Stärke, die durch mich einfließen könnte.*

*Prinzipiell „Allumfassend" zu sein, bedeutet nun einmal unbe-
grenzt, vollkommen und sämtliche Möglichkeiten beinhaltend,
also ein sehr schönes und sehr erstrebenswertes Talent, das
du ganz einfach aus deinem „So sein", als deinem Zweigsein in
dir hast. Da ich als dieser „Große Weinstock Geist" in dir
allumfassend bin, so bist auch du allumfassend.*

*Somit ist auch ein höchstes Wohlbefinden, Harmonie und Ver-
bundenheit mit mir schon in dir angelegt. - Das ist meine Liebe!*

*Je mehr dir meine unbegrenzte Kraft spürbar bewusst wird, in
deinem Bewusstsein Raum gewinnt, hast du den Vorteil, all die
Dinge automatisch erreichen zu können, die du dir vorher in
deinem noch nicht erreichten göttlichen Zustand gar nicht in der
Lage gewesen wärst, dir vorzustellen und zu entwickeln. Somit
ist das wichtigste in deinem Leben, dir dessen immer mehr
bewusster zu werden.*
*Denn in diesem Augenblick, wo es dir bewusst wird, kommst du
genau in dieses Energiepotential hinein, in diese magisch
„energetische Kapazität", wo dir ein erfülltes Leben, entsprechend dieser Qualität an deinen Anlagen gelingt und ganz allein
darauf kommt es an!*

*Schaffe dadurch und damit die Voraussetzungen für das, was
du ohne diese Voraussetzungen noch nicht sehen und erkennen kannst. Um einen großen und weiten Überblick über dein
Leben zu haben, über die sich zeigenden Möglichkeiten, bedarf
es zuerst des Aufstiegs. Tief unten im Tal, in deinen Bedürftigkeiten, deiner Verzweiflung, Angst und dem Kampf, kannst du
die darin enthaltenen Möglichkeiten für dich nicht erkennen.*

*Bist du also bereit, dich zu erheben, aus deinem Dunkel, des
sich schwach und unsicher "Fühlens", in die Höhe deines Bewusstseins. deiner eigenen zunehmenden Stärke?*

Kannst du dich da, dies immer mehr empfindend erhöhen: „Ich bin und fühle dieses Allumfassende"- „Ich bin der Engel, ein Bote meines Lichtes". Kannst du dich da im Allumfassenden, sprich bei mir, sehen?

Du kannst dich diesen Herausforderungen nur dann gewachsen fühlen, wenn du deine wahre Natur erkennend, bereit geworden bist, anzunehmen, es in dein Leben hineinfließen zu lassen, anstatt laufend krampfhaft zu verzweifeln, zu suchen und darum im Außen zu kämpfen.

Das, was also der Erfüllung in deinem Leben entgegensteht, ist deine mangelnde Bereitschaft dieses hohe Geschenk, deiner Verbundenheit mit mir wieder an zu nehmen, welches aus seinem Bewusstsein der „Inneren Stärke" deine Situationen und Früchte gestaltet und harmonisch in dein Leben fließen lässt.

Es genügt also eigentlich nur die Offenheit und Bereitschaft, dir von meinem Engel in dir etwas sagen zu lassen. Aber welcher Zweig hier ist bereit, sich etwas sagen zu lassen und schon gar nicht heute von meinem „Engel"? – meiner Energieform, die da reichlich neben deinem Lebenssaft zufließt!

Aber warum eigentlich nicht? – Könnte es nicht sein, dass sich dadurch sich etwas in deinem Leben zu erfüllen und zu fließen beginnt?

„Wie innen, so außen! - Wenn du bereit bist, etwas von innen heraus, aus dir auf zu nehmen, bewusst werden zu lassen, in die symbolische Bereitschaftenergie der Offenheit:

„Ich bin mein Engel, ein „Angelos" – ein Bote des Lichtes! – Ich bin Sein „L-„Ich"- t" in der Zeit!

Somit bist du natürlich der Ursprung jeglicher Erfahrung, auch des Krieges mit den anderen Zweigen im "Ich", dem „Ego" – mit seinem Willen und Vorstellungen, in der „Abgrenzung" zu meinem Sein, das du errichtet hast!

Aber, wenn dieses „Ego" sagt: „Ich alleine will herrschen", mich nach meinen Vorstellungen durchsetzen, dann ergibt das:

„Zwei, Dualität, Zweiheit, Verzweiflung, Zwietracht".

Wenn nun aus dieser Zwietracht das Erkennen kommt – oft nur durch das Leid der Ver -„Zwei"- flung -, dann will das Geschöpf wieder zurück in die mütterliche Einheit der Geborgenheit und Sicherheit, zu mir.

Erkenne hier, dass du hier eigentlich niemals, aus dem Paradies, sprich von mir getrennt worden bist, und ich dir den Zugang zu meiner Schöpferkraft verwehrt habe. Du selbst hast dir die Ent –"Scheidung" in die Hand gelegt, mit der Bitte, dich nicht hineinzulassen bzw. mir die Tür nicht zu öffnen.

Selbst hast du mit einer begrenzten Erkenntnis deines „Ich will", deinen eigenen Willen „ER"-fahren zu wollen, mit meinem „Ein"- verständnis, die Wahl getroffen einen eigenen äußeren Weg des Kampfes zu gehen.

Gerne gebe ich dir das „Sesam öffne dich" zu einer unbegrenzteren Entfaltungskraft, die heißt:

„Großer Geist, Allumfassendes in mir –
„Dein Wille ist mein Wille"

Lass dir deshalb alltagsbezogen, ganz simpel die Sache deines eigenen Wohlergehens, die Ursache deines eigenen Erfolges näher bringen.

Atme weit und behutsam und erkenne es wie schön es ist, einfach nicht zu müssen!
Lerne zu erkennen, wie schön, es ist, die Dinge und Lebenssituationen entstehen zu lassen, in denen du dann eingeladen bist, diese zu gestalten, aus sich bzw. mir heraus, aus diesem Bewusstsein der Liebe und Harmonie, „Er"-füllende harmonische Dinge entstehen zu sehen.

Du erreichst es, wenn du weit und still atmest, dich oft auch über dein Denken einfühlst in meine Kraft, die um dich herum ist und in dir, ganz weit ganz still.

Es geht letztendlich um diese Erkenntnis: „Gott ist in mir und ich bin göttlich", da doch immer an mich angeschlossen bist. Lass in dir wirken und als eine magisch-energetische Übung sehen!

Immer wieder atme und erfühle:

„Ich und der Weinstock - Mein „Gott"- ist in mir, er ist allumfassend, Gott ist außen, wie auch innen, Gott ist im Himmel, wie auch auf Erden. Gott ist in mir, und wenn ich mit mir spreche, dann spreche ich mit Gott!"

Dies seien deine Gedanken, dies seien deine Gefühle:

„Wenn ich mit mir spreche, so spreche ich mit „Gott"!

Um diese Verbindung mit deiner eigenen Göttlichkeit ist es, worum es in deinem und dem Leben der anderen Zweige geht. Erst dann können sich dir all die Möglichkeiten aus dieser Weite für dich zeigen.

Von dort oben, sprich aus diesem Standpunkt heraus, erkennst du auch die Zusammenhänge, erkennst die Wege und vor allem eines, nämlich, dass du dich von dir aus nicht zu bemühen brauchst, dass jedes Bemühen von dir aus, und das Wort sagt es allein schon, alles mit Mühe verbundene, natürlich durch die Erwartungshaltung, dass es mühevoll sei, dir auch Mühe bereiten wird, schwierig sein wird. Das ist der Weg der Polarität des Gegensatzes zu mir, den du, durch deine begrenzten Einstellungen, immer selbst erschaffst!

Du willst etwas erreichen, du bemühst dich, aus deinen begrenzten Vorstellungen und wirst durch dieses zwanghafte Wollen, durch dieses Bemühen mit der Mühe der Schwierigkeit konfrontiert.

Im anderen Fall, wenn du aus deinem gefundenen erwartungs-losen göttlichen Bewusstsein heraus lernst zu fühlen, zu denken und zu agieren, wird dir mehr und mehr alles nicht nur leicht erscheinen und leicht werden, weil du den richtigen Weg gehst in Gemeinsamkeit mit meiner Führung, die dich liebt.

Es gilt, dich einfach nur im Vertrauen dem Vertrauen zu mir zu öffnen. Dann wirst du wirklich zu einer Schale, zu einer nach oben offenen Mondsichel, die dann mit dem Licht meiner Weisheit und zielgerichteten sinnhaften Schöpferkraft für dich erfüllt werden kann."

Siehe und erkenne Hopi!

Nicht umsonst ist darin ja auch das Wort „Hoffnung" enthalten!

Die Hoffnung ist dabei dein göttlicher Gedanke an mich. Sie kann in dunkelsten Zeiten aufrechthalten! Sie erzeugt den Glauben, dass auch in düsterster Zeit, unter Aufgabe des kleinen verkrampften Willens die größten Wunder passieren können!

Hoffnung bei mangelnden Handlungsperspektiven und einge-standener Ohnmacht d.h. weg vom verkrampften Wollen, macht dich zum Opfer des unbegrenzten Allumfassenden in dir und was kann von einem „Unbegrenzten Großen", wie von mir, dem Weinstock nur kommen:

Unbegrenztes! - Das dir nicht Vorstellbare! - das Wunder!

Ein Wunder ist die Antwort meines Großen Geistes auf Aus-weglosigkeiten und Zwickmühlen deines Lebens, in dem du die Übersicht verloren hast, und wenn du dann nicht mehr weiter weißt und du zum Loslassen deiner nicht mehr funktionierenden krampfhaften und begrenzten Vorstellungen über dein Leben gezwungen bist.

Erst dann ist es mir erst möglich, deine akzeptierte Leere in dir durch Neues zu erfüllen, denn ich respektiere immer deine Entscheidungen für mich oder auch nicht!

Das ist meine Liebe zu dir!

Erst die Hingabe, unter Aufgabe deines verkrampften Wollens mit seinen begrenzten Glaubensvorstellungen, gibt meinen Kräften, aus dieser Haltung, den Raum, sich als Wunder, aus den unvorstellbaren Möglichkeiten, von oft vermeintlich ausweglosen Lebenssituationen, hier ganz speziell bei dir, entfalten können.

Ganz einfach formuliert, musst du vielleicht einmal von dir selbst zurücktreten und nur mal beobachten.

Reiche deinem Verstand mit seinen Befürchtungen dabei öfters eine beobachtende Funktion zu, und du wirst überrascht sein, welche Wunder in dein Leben treten können".

„Hopi"! – Erfasse es mehr und mehr: Als meine Rebe weißt du natürlich, dass du an mir, deinem Weinstock angeschlossen bist, aber du hast noch nicht erkannt, dass ich mit meiner ganzen Kraft und Stärke geistig, als auch körperlich, auch in dir immer präsent bin!"

Der Zweig „Hopi" befolgte, tief ergriffen, nun seinen Rat, begann jetzt ganz intensiv nach innen zu schauen und tief und weit atmend und dies fühlend, fing er an die Kraft und den Lebenssaft des Weinstockes mehr und mehr zu spüren, heraufsteigend, wie aus einer sprudelnden Quelle.

Die Knospe „Hopi"

Gott! - Der „große Weinstock" - flüsterte jetzt sanft, im Bild seines Weinstockengels weiter, mit magischer Stimme:

„Siehe dich nun im Bild meiner großen leuchtenden Rebenzweigknospe, die du ja einmal auch warst!

Stell dir vor, wie du nach innen schauend, in deiner Phantasie diese Knospe zeichnest, oder wie diese, als Bild, aus der Weite deines Bauchraums auftaucht.

Erkenne, die „Knospe" ist die Verheißung des heranwachsenden „Zweiges" zum starken Ast in dir.

Vielleicht ist sie noch ganz fest verschlossen und fleischig-rot. Aber er öffnet sich bereits ein wenig. Aber du hast dich nämlich noch nicht zu deiner wahren Kapazität geöffnet. Die Farbe fleischiges „Rot" symbolisiert dabei deinen Lebens- und Entfaltungswillen!

Sieh nun die Knospe!

Lasse nun in deinem Geiste diese Knospe erblühen. Fühle die Behutsamkeit und das Zögern, wie ein Blättchen nach dem anderen sich öffnet.

Dann atme in deiner Vorstellung die Energie, der sich nun öffnenden Zweigknospe ein, dadurch, dass du sie beachtest, ihr Aufmerksamkeit schenkend, damit „heiligst", mit der Betonung der fleischroten Farbe.

Fühle dabei das, sich entfaltende, neue Bewusstseinsgefühl. Spüre, wie auf der einen Seite deine Lebensenergie bereits zu fließen beginnt, um ein starker Ast von mir zu werden, der ja dem Bilde meines allumfassenden Weinstockes gleicht – du also mein „Ebenbild" bist.

Atme nun in dieses Programm des „Unglücklich seins" die Energie des „Zauberwortes", der sich öffnenden Zweigknospe ein und fühle, wie du dich Stück für Stück deinem Wachstum und damit dir öffnest.

All dies wird unterstützt über die zarte Energie deines Atmens und du hörst dich sprechen:

„Ich bin" eine
Rebenknospe!
„Ich bin" vom Weinstock
erwünscht"
Ich bin liebenswert! "

Sieh dieses kraftvolle Symbolwort in Verbindung mit deinem körperlich orientierten und bedürftigen Bewusstsein:

Du atmest diese Energie der Liebe zu dir, diese Knospe, die nun erblüht, und zu wachsen beginnt!

Fühle dabei dein „weiter und kraftvoller" werden.

Fühle dabei die Kraft der Möglichkeiten, die du damit auf dich zu kommen fühlst. Du breitest so „deine Flügel aus", die dich in dein wirkliches Leben, als eine fruchttragender Ast führen.

Lass dies alles über dein weites und behutsames Atmen und innere Wiederholung geschehen.

Sei bereit offen zu sein und fühle, dass es gut ist, wie es geschieht. Atme diese Sicherheit, fühle diese Sicherheit:

„Ich bin" eine

erblühende Knospe,

Ich bin bereit,

mich meinem Leben

und meinem Wachstum

zu öffnen!"

Siehe wie wichtig es ist, dies für dich zu erkennen!

Von Anfang an war das Wort: „Liebe" und du bist eingeladen, dich dieser Liebe zu dir zu öffnen, meine Liebe zu erkennen, die dich ja geboren hat, in den möglichen Schwierigkeiten deines Lebens die du nun kraftvoll überwinden sollst, indem du dich ihnen stellen kannst!

Du bist mein wachgeküsstes Bildwerk.

Der Zweig als dein Leib ist nicht eine Leiche, nicht lebloses Holz bzw. Materie.

Alles ist mein Muster, mein Kleid- Dein Leib ist mein Plan, meine Schrift, die aufersteht durch mich, um meine Idee für mich zu erleben und zu erfahren!

Die Schöpfung ist nicht nur mein Werk, es ist mein erregender Geist, sein Gefäß, in das sie sich ergießt!

Mein erschaffenes Muster ist der Same meines Geistes.

*Du bist meine **„Unbefleckte Empfängnis"**!*

Ich bin in dir und du in mir und nicht außen. Es kann nichts eins mit mir sein, ohne „ICH" zu sein. Der Leib ist Hülle des Plans und sein Organ. Der Leib bin ich auch selbst.

Deine körperliche Hülle macht den Plan zum Samen. Er kann aber nie aus sich heraus keimen. Der Same bist du durch mich.

Deine Körperlichkeit ist meine „Er"-fahrungswerkstatt und so wie sich nun auch dein Zweig aus der Dunkelheit der Erde entfaltet hat, dem Licht der Sonne entgegenwächst, sich weiter entfaltend, bist auch du eingeladen, aus dem im Dunkel deines Lebens heraus, aufzublühen, hin zur eigenen Erfüllung zum reiferen „Erwachsenwerden", mit fruchtbaren Reben, in all deinen Situationen.

Es geht um deine Gedanken an das Helle, um Zuversicht, „Hohen Mut" und Glauben an dich, in deinem körperlichen Ausdruck, als Hopi.

Es ist darin nichts Unreines zu sehen, sich in jeglicher Form dabei auch körperlich ausdrücken und erfahren zu dürfen.

Wenn du diese Körperlichkeit nun, als ein starker „Rebenast" werden", bewusster annimmst, auch mit all deinen körperlich orientierten Gedanken und Gefühlen und gleichzeitig bereit bist, dich, als Ausdruck deiner Körperlichkeit, total zu akzeptieren, hast du deinen wichtigsten Lebensstandpunkt grundsätzlich erreicht.

Siehe es als ein Ausdruck deines geistigen Lernprogramms:

„Ich bin eine Weinstockrebe,

Ich bin bereit, mich meinem

Leben zu stellen!"

Ich bin fähig und kompetent!

Aber beginne diese Energiequalität deines Rebenzweiges „Hopi" zu lieben und erkenne, hier die totale Übereinstimmung, mit mir als formgebende „Mutter", die es dir erlaubt, dich als einzigartige Idee in der Form, in der Körperlichkeit auszudrücken.

Alles, was sich dir daraus darstellen konnte, ist so im Grunde immer „göttlich", und du bist als „mein Bildwerk"- als Seele und, mit allen anderen Zweigen immer darin eingebunden, als mein körperlicher Ausdruck.

Fühle diesem Gesagten nach und erkenne wie wahr dies ist. Hier kannst du nun, für dich erkennend, das Verständnis aufbringen, dass alles sich im Äußeren darstellende, nur geistig wachstumsermunternde Erfahrungssituationen für dich waren und sind.

Atme dieses Gefühl:

**„Ich bin in meinem Körper
Stark, sicher und geborgen!"**

Das ist ein ganz wesentlicher Entwicklungsvorgang für dich. Wenn du es annimmst, dich in deiner Körperlichkeit sicher zu fühlen, entsteht natürlich daraus das Bewusstsein, Meister über deinen Körper zu sein. Du liebst deinen Körper und alles was er jemals getan hat. Du liebst deine Körperlichkeit im Erkennen deines Lebenssinns in dieser Darstellung. Aus dieser Liebe zu deiner Körperlichkeit heraus, kannst du einverstanden sein und dich öffnen für dein zukünftiges Leben.

Fühle dich ein, in dieses darauf „Vertrauen können", in diese Hingabe!

Mehr und mehr lernst du dann zu vertrauen. Über dein tiefes Atmen kannst du dich durch dein Vertrauen einprägen lassen. Dein Atem ist dabei diese tragende Energie, ist das Vertrauen. Immer wenn du atmest, so vertraust du.

Dann schlägst du eine Brücke zu uns und dem dir noch unvorstellbaren zukünftigen Leben in dir.

Das ist der Weg eines geklärten Inneren, in der Energie deiner Gedanken, deiner Gefühle, deines Offenseins, deiner Akzeptanz, mit uns übereinzustimmen.

So kannst du in diese Mitte gehen. Dann wirst du offen sein, was du als Eingebung, Intuition, Führung, Gewissheit durch uns nennst und was das Leben von dir verlangt oder schenken will.

So spreche ich, dein „Licht" - als Gott – der große Weinstock:

Es ist alles in dir und verzweifle nicht, wenn dir im Äußeren die Sonne nicht scheint.
Wenn es auch im Äußeren stürmen und regnen sollte, bei dir zuhause in deinem Herzen brennt ein wärmendes Licht, Geborgenheit und Zärtlichkeit gebendes Feuer.

Atme es ein, lass dieses transformierende Bild des wärmenden Feuers in dir wirken.

Hier ist auch die Botschaft deiner Einheit, im Umgang mit den äußeren Situationen und Dingen:

„Ich bin auch das Licht meiner Dunkelheit"

Wenn du nun Dunkelheit gleichsetzt, mit deiner Angst und Un-sicherheit, die du als Essenz deiner Wachstumsproblematiken verspürst und betrachtest und dann das berühmte Bild der Liebe, in Form einer Lichtfunkens, in ihrer eigentlichen Bedeu-tung durch ein:

„Ich bin das Licht,

die Botschaft der Geborgenheit

und Sicherheit,

in meiner göttlichen

Entfaltung"

ersetzt, fühlst du einen Springbrunnen in deinem Inneren ent-stehen.

Fontänen glückseliger Empfindungen, ein Glitzern und Funkeln beginnen zu schimmern in deiner „Aura" und spiegeln sich im Glanz deiner Freude.

Siehe und erkenne, dass erst in dieser Stille:

„Ich bin das neue Licht,
die Botschaft der Freude und Sicherheit"

in dir, ein neues Bewusstsein entsteht.

Erkenne die Kraft der Magie dieses Augenblicks, den Zauber dieser Situation, die dir dieses, mit Worten unbeschreibliche und mit dem Verstand nicht zu Erreichende, zuströmen lässt.

Fühle, dass es nur um deine Offenheit geht und deine Bereitschaft es anzunehmen, dich damit zu identifizieren, dich damit gleich zu setzen, dich damit in Resonanz zu bringen, mitzuschwingen mit der Kraft deiner Seele, der Weite in dir. Atme die Kräfte aus deiner Seele ein und fühle, wie du über dieses Einatmen mit allem, was dir an Wachstumsmöglichkeiten offensteht, in Verbindung kommst.

So siehe und erkenne wirklich, nach einer Zeit des intensiven Übens, mit uns:

Die Kraft deines Lebens strömt durch dich. Spüre, in jeder Zelle deines Körpers erwacht ein neues Bewusstsein. Es erwacht das Bewusstsein deines „einzigartigen Funkens" in dir.

Wenn dieses Bewusstsein in dir erwacht ist und immer bewusster wird, so öffnen sich dir die Tore des Lebens, weil sich für dich die Tore des Himmels, sprich deiner Ordnung in dir, geöffnet haben.

Dies ist eine ganz wesentliche Übung und Voraussetzung, um das erforderliche Vertrauen zu lernen. Ohne dieses erforderliche Selbstvertrauen, in dich selbst und damit zu mir, wäre jede Anstrengung, über den Verstand, deine Wachstumsschwierigkeiten in den Griff zu bekommen, völlig sinnlos.

Du hättest nicht die Voraussetzungen es auch zu schaffen, deine Situationen zu überschauen. Genau aber um dieses „Schaffen" als erwachsener Rebenzweig geht es.

Siehe es vor deinem geistigen Auge:

Über dieses innere, eigene „Selbst"– vertrauen kann ein neuer Morgen anbrechen.

Es ist ein neuer Morgen, voll der Freude für ein neues Leben, erfüllt mit beglückender Erfüllung und Freude und neue Liebe tritt in dein Leben. Spüre es wieder über die Verbundenheit mit deinem Atem und fühle über diese Bilder die Kraft in dir.

Sieh vor deinem geistigen Auge, wie die Sonne aufgeht, wie ihre Strahlen die Dunkelheit der Nacht durchbrechen, wie der Himmel sich verfärbt und immer lichter wird, so wie dein Bewusstsein immer klarer und deutlicher seinen Sinn, sein eigenes freiwilliges Wachstumsprogramm, erkennen kann.

Es geht also in Wirklichkeit darum, aus deinen Situationen heraus zu lernen, was deine Situation, mit denen du in Zukunft konfrontiert wirst, dir sagen wollen, um daraus die harmonische Führung deines Lebens zu lernen, deine Situationen besser zu durchblicken. Nimm für dich auch den Leitspruch mit:

Alles, was nicht funktioniert, dient der Qualitätsverbesserung!

Du allein führst so unbewusst sowie bewusst natürlich „Schicksal" herbei, damit du dich passiv befreist, aus der Umklammerung von kampforientierten Situationen, die nicht mehr deine sind.

Also erkenne, dass du immer richtig handelst, dass du nicht versagen kannst, da du ja in Wirklichkeit ein Wesen Gottes, des „Weltenweinstocks" bist und ein Kind Gottes kann genauso wenig versagen, wie die Göttlichkeit an sich.

Daher ist jede sich darstellende Situation an sich vollkommen und dient der Erkenntnis, dass du unter allen Umständen, doch im tiefsten Grunde, göttlich bist und dass dir deine oft schmerzlich empfundenen Situationen dies dir bewusst machen wollen, wo die Lösung immer zu finden ist: In deinem Inneren. Sie wollen dir dabei nur behilflich sein, dich auf deinem Wege zu begleiten. Es geht darum zu erkennen, dass Gott in dir immer bei dir ist.

Es geht in Wirklichkeit darum, dass dir mehr und mehr bewusst wirst:

„In jeder Situation meines Lebens ist Gott in meiner Seele bei mir. In jeder Situation ist Göttliches da und Vollkommenheit. „Der Himmel ist immer in mir" – um diese Bewusstwerdung geht es. Ich wachse auch durch schwierigste Erfahrungen in meine neue Qualität".

Lass es dir bewusst werden, dass Gott dich, als sein „Seelenfunke" liebt und dich führt. Ich bin allezeit bei dir. Lass es allzeit geschehen. Sei nur immer mehr offen, es anzunehmen.
*(Matth. 28,20: .. ich **bin** mit **euch alle Tage** bis zum Ende der Welt!)*

Wenn du bereit bist, diese innere Qualität zu erfahren, verringerst du so deine Bedürftigkeit, und vermehrst umgekehrt die Qualität deines Lebens. So wirst du zum Ebenbild meines Schöpfertums, im Sinnbild deiner Seele. Du reagierst nicht mehr, sondern du selber bist und wirst ein „Erschaffender Schöpfer" – der seinem Wachstum und damit meiner Idee, als erwachsener „Hope" dient.
Wenn du dies über deinen tiefen Atem empfindest, erwacht deine Stärke in dir. Vertrauen erwacht in dir. Also vertraue und entscheide dich für die Quelle deines Seins, der Verbindung mit mir, deinem „Großen Geist" – dem alles umfassenden und liebenden göttlichen Funken in Dir."

Das Unglaubliche geschah:

Mehr und mehr entwickelte Hopi, der kleine Zweig, sich zu einem stärker werdenden Rebenast „Hope", dicker, fester und erwachsener werdend, verbunden auch mit dem starken Strom von Rebensaft, der durch den Weinstock, in Folge seiner Offenheit für ihn, in ihn einfließen konnte.

Zunehmend registrierte er, dass die abzuwehrenden Angriffe ihm nichts mehr ausmachten, ja sogar ausblieben und Achtung und Respekt von den anderen kamen.

Auch befolgten wiederum andere seine geteilten Erkenntnisse, um mit ihm zu wachsen. Er und diese anderen brauchten nunmehr nicht noch mehr Verholzung und das Herumwirbeln, zur Verteidigung als verholzter Ast nicht mehr.

Da waren aber auch natürlich Neid und Missgunst von ver-holzenden unbelehrbaren Zweigen, die ihn versuchten zu pieken. Aber das spielte spürbar keine Rolle mehr und der Zweig wuchs heran und wurde zu einer starken Rebe, der sogar viele neue Reben und fruchtbarste Beeren gebar!

Voller Begeisterung stellte er dadurch fest:

„Ich kann ja lieben!"

Der Weinstock sprach wieder, nun erfreut, zu ihm:

„Viele sind berufen – wenige auserwählt"!

„Du hast dich gewählt und das Innere zum Außen gemacht" – *nicht durch Tun, sondern durch die Neugestaltung eines weiteren Bewusstseins. Hast du dabei dein Ego, deine Individualität, in deiner neuen Erlebniswelt, verloren oder bist du als Persönlichkeit vernichtet worden?*

„Nein" - sprach Hope, der große starke Ast jetzt – „Ich ehre meine Größe jetzt in Verbundenheit mit dir, aber auch alle anderen Zweige mit der freien Wahl der Gestaltung ihres Ausdrucks, da ich jetzt weiß:

„Ich lasse deine Kraft und Realität durch mich fließen
und gestalte sie aus meiner Mitte!"

Wenn ich mich ändere, dann ändert sich meine Welt!

Da hat meine einzigartige Individualität Platz, mein „Egowille" und dein umfassendes Sein!"

„Ja!" - sprach der Weinstock, „Aber deine Liebe besteht darin, den Zweigen jederzeit auch ihren Weg wählen zu lassen - den inneren oder den äußeren oder beide zu verbinden. Wähle du aber jetzt immer deine Mitte, dann erst wirst du zum steten unerschöpflichen Kanal für meine Kraft!

Die Mitte, dein inneren Seelenfriede stabilisierst ihn dann, ist das „Daheimsein" in dir, wo du gerade gehst und stehst. Du hast einfach immer das Gefühl, „Ich Bin" in mir zu Hause, dann bist du überall in mir zu Hause.

Diese Mitte ist ein Gefühl eines „Zuhause angekommen" – seins. Dann wirst du das Licht nicht suchen, du wirst den Schatten deiner Bedürftigkeiten in „Leiden"-schaften oder Kämpfen nicht suchen, du bist im „Sein".

Du hast dann emotionalen und sicheren Abstand zu allen umgebenden Situationen und Dingen.

Es bedeutet nicht, dass du keine Freude mehr haben sollst am Leben, aber wahre Freude hast du dann im Inneren gefunden, und es brennt darin ein wärmendes Feuer, auch wenn es in den äußeren Lebenssituationen noch so „stürmt".

Es ist ein Lebensgefühl: „Ich Bin" im inneren Frieden."

Dieser innere Seelenfriede ist das „Daheimsein" in dir, wo du gerade in mir verankert bist. Da ist kein Kampf. Nie mehr wirst du Angst haben oder dich ducken wollen, vor den anderen Zweigen oder vor irgendetwas. Da ist keine Bedürftigkeit im Sinne von etwas „Brauchen, abhängig sein zu müssen".

Dem gewachsenen Ast überkam ein Gefühl von außerordentlicher Ruhe. Er war, von einer unbeschreiblichen Freude erfüllt. Es war nur Freude, eine friedvolle, besänftigende Freude, als ob jegliche Angst oder Spannung aus seinem „Körper" gewichen wäre, eine begreifliche Freude von „Eins-Sein".

Es war aber keine gewählte Freude, die aus einer Vorstellung entspringt, sondern sich absichtslos aus dem Inneren einstellt und kein " Freude, weil..... oder über etwas kennt.

Er konnte es fühlen, erkennen und schauen:
„Wir sind alle eins, trotz Verschiedenheit der vielen Einzelzweige, mit ihren Ego`s mit ihren angstvollen Verteidigungshaltungen."

Der große Weinstock sprach weiter zu ihm:

„Es ist ein Anfang, der ein Anfang ist, deine wachsende Bewusstheit, die in jedem Augenblick neu geboren wird, von fortschreitender Klarheit, die sie durchschreitet. Es wird sein, eine Welt der Klarheit. Es ist eine Welt, in der du durch deine Entfaltung, weit, weit siehst.
Sei willkommen, der du bewussten Herzens nun eingetreten bist, in den Kreis derer, die in sich eine lichtere Weite gefunden haben.

„Was ist mit den anderen Zweigen" rief Hopi!

Wo ist dein Focus? – sprach der Große Rebstock

Es geht dich nichts emotional mehr an, es ist nicht mehr deines oder umgangssprachlich formuliert, sei nicht neidisch. Das ist ein anderes Programm. Sieh auch nicht hinter den Vorhang der anderen Zweige, die ihren Weg ebenfalls frei wählen können.

Aber sei dir gewiss, es ist auch „Gottvoll". Es ist meine Liebe, meine Gegenwart.

Nur, es könnte dich erschrecken und es geschieht nichts gegen den Willen des Einzelnen. Du hast dein Leben, dein Licht, deine fühlbare Liebe zu mir. Die anderen Zweige haben ihr Licht oder ihre Dunkelheit, ihr Leben, ihre Liebe oder ihren Schrecken, so wie sie es eben für sich erwählt haben.

So bist du nun eingeladen, all das so anzunehmen wie es ist, als ein Seiendes. Du bist eingeladen, deine Position in deinem Licht zu festigen, als mein Seiendes auszuweiten durch deine Kraft, durch deine Stärke, die du in jedem Augenblick zeigst, die sich in der zunehmenden Stärke deines „Ast" -Seins ausdrückt!

Breite auch deine neuen Zweige aus! - mein Bote meines Lichtes, Bote meiner Liebe, in deinem Leben, als Zweig „Hope" neu geboren!

Segne sie mit der Kraft dieses Bewusstseins, segne durch dein „So-Sein" und „Werden" als fruchtbare Rebe „Hope"!

Zu segnen bedeutet, das was ich, der große Weltenweinstock, dir gegeben habe und das was ich dir in jedem Augenblick geben werde so wie du es von mir empfängst weiter zu geben, es einfach weiter durch dich hindurch strömen zu lassen, als ein geöffnetes, sich mir hingebendes:

„Großer Geist!

Großes Licht, mein Herz ist dir,

in Liebe geöffnet,

Ich atme dich, Großer Geist,

Du atmest mich!

Wir sind „Eins!"

Ein Anfang, der kein Ende hat"

Das Mandala! –
Der magische Bewusstseinskreis zwischen Hope und dem Weinstock war geschlossen!

„Lieber Hope!" – so spricht nun der Weinstock wieder:

Du siehst und erkennst jetzt aus deiner tiefen Erfahrung und Verbundenheit mit mir in deiner wichtigsten Erkenntnis:

Es geht immer wieder um die Qualität deines Bewusstseins, in Verbindung mit mir, durch dein „Ich bin"! – das dir deine Kraft und den Lebenssaft zuströmen lässt!

Kein Ausweg, nur noch Angst und Verzweiflung!

Es sei denn, du besinnst dich auf dieses „ICH BIN" das Unüberwindbare, das Grenzenlose, das Licht, das alles Überwindende in dir. Deine gesamte Aufmerksamkeit soll von diesem Augenblick diesem „Ich bin" erfasst sein.

So bist du aufgefordert im Angesicht deiner Schwierigkeiten es in dir mit jeder Faser deines Herzens erklingen zu lassen, es zu sein.

Es ist eine Energie deines Bewusstseins und deren Inhalte stellen sich im Äußeren dar. Also, nicht mehr ein vordergründiges Denken, nicht mehr ins konkrete Detail gehen, einfach über den Bewusstseinsinhalt gestalten, obwohl kaum von einer positiven Vorstellung zu unterscheiden, geht es über das Gestalten mit deinen Bewusstseinsinhalten, mit einer weitaus stärkeren Kraft.

„Bewusstseinsinhalt" ist die Botschaft deiner neuen Zeit des weiteren Wachstums zu dir, zu deinem „Hope", der höchsten Version von dir. Deshalb auch der Prozess der Reinigung, um keine Verunreinigung, Altlasten von deinen Befürchtungsprogrammierungen weiter in dir herumzutragen, wo du ja jetzt aus dieser Bewusstseinsqualität heraus, deine Gestaltungsarbeit zu leisten bereit bist.

Im konkreten Beispiel des Urvertrauens, erfüllst du dein Bewusstsein mit Vertrauen:

Du atmest dieses Vertrauen wieder ein, so oft es geht, mit:

„Ich bin! eins mit dem Allumfassenden!"
– dem „Großen Weinstock" - in mir!"

Du gestaltest dein Bewusstseinsinhalt so mit Vertrauen und fühlst dich vertrauensvoll in dieses, sich mit Vertrauen erfüllende Bewusstsein ein.

Vorstellungshilfe:

Die Buchstaben, das Wort "Vertrauen", visualisierend in großen Lettern am Firmament erscheinend als Sternenbild oder lass dir eben ein Symbol dafür, aus deinem Inneren von mir geben. Aber ich habe dir ja in deinen Träumen dafür einen Botenengel gesandt bzw. „zugedacht", der dir die notwendige Bewusstseinsenergie, durch dein Einfühlen in ihn geschenkt hat!

Während du nun dieses energetische Licht des Vertrauens einatmest, gestaltet nun deinen Bewusstseinsinhalt mit reinem Vertrauen.Lasse dich von dem Vertrauen, das dich umgibt erfüllen!

Das Licht, das Gefühl des Vertrauens umgibt dich, berührt dich und jede Zelle deines Körpers. Vertrauen umgibt dich. Vertrauen atmest du ein, Vertrauen denkst du, Vertrauen empfindest du und der Energiepegel deines Vertrauens, steigt und steigt ins Unermessliche.

Du „komprimierst" so das Vertrauen in dir. Es wird zur neuen Stabilität und Sicherheit deines Lebens, über den Vorgang des Einatmens erlebbar, Vertrauen in die allumfassende Göttlichkeit.

Dann hüllst du liebevoll darin all die anderen Rebenzweige ein, die es im Laufe deines doch kurzen Lebens dir gegenüber an Darstellungen deines Vertrauens haben mangeln lassen und dich bekämpft haben.

Sei da großzügig und schenke vom Übermaß deines Vertrauens anderen aus, um Mangelerscheinungen auszugleichen.

Gehe nun hinein in diese neue Energie des Vertrauens und fühle diese unendliche Kraft des Vertrauens in dir, fühle seine Stärke, seine Intensität.

Lasse die heilende Wirkung des Vertrauens in dir, lasse diese Wirkung zu. Lasse dich Heilen von der Kraft dieses Vertrauens, Verletzungen der Seele, des Herzens, deiner Körperlichkeit.

Alles was dich jemals verletzt hat. dein Vertrauen heilt dich "Jetzt".

Dein Vertrauen ist die heilende Kraft, der beste „Schmierstoff" deines Lebens. Als die Kraft, die von nun an dein Leben gestaltet, erfüllt sie nun dein gesamtes Bewusstsein, mit diesem:

*„„Ich bin die Kraft und Stärke,
Ich bin der Meister meines Lebens!"*

Dies setzt alles in Bewegung und die Welt beginnt sich wieder für dich zu drehen und das Wunder in deinem Leben, jetzt beginnend, geschieht!

„ICH BIN" - und eine wärmende Sonne geht in dir auf!

Sie trocknet deine Schwäche, während deine Ängste, Verzweiflung, Ohnmacht und Wut, aus der hilflosen Hoffnungslosigkeit zurückweichen.

.
Es ist so überirdisch, so himmlisch und göttlich und voll Ehrfurcht bist du, Achtung und Respekt bist du und Hingabe. an das Leben, aus deinem weiten Inneren.

Fern liegt dann die Zeit, wo du meintest verzweifelt zu sein und nicht mehr weiter zu können.

Ein neues Glück erfasst dich und du lässt dich hineinfallen, in dieses Glück und du spürst, wie es dich trägt, das Licht deines „ICH BIN".

Du bist neu geworden am anderen Ende des Nadelöhrs, dort, wo du als das Licht, das du bist, in das Licht deines neuen Lebens eingetreten bist, um eins zu sein, mit dem was ist.

Dein begrenzter Verstand hat keine Ahnung, was das sein könnte, über das was ist, aber irgendetwas ist da und es fühlt sich gut und wunderbar an.

Natürlich wagst du nicht daran zu glauben, es könnte ja ein Irrtum sein. Natürlich zweifelst du ein wenig, obwohl du nicht zweifeln möchtest. Aber dennoch ist es da und es bleibt, - es ist keine „FATA Morgana"!

Es ist das Leben, das Leben als Licht, als ein erfahrenes „ICH BIN". Und das ist das, was am anderen Ende des Tunnels, was über dem Berg auf dich wartet:

Du bist wieder in meinem Land, in dem „Milch und Honig fließen".(Vgl. AT, Moses- Exodus- Kap.3)

Der Zauber der Kraft - aus dir heraus initiierend, liegt in deinem Atem - liegt darin, dass du dich tief über dieses Atmen mit dem „ICH BIN" – Alles, was ist! - meines Geistes verbunden hattest.

Durch die Dunkelheit hindurch, durch die Hindernisse , all das dir schrecklich Erschienene missachtend, ignorierend, soweit es geht, erfüllt sich dein Blick mit dem Geschenk des Allumfassenden an dich.

Jede Pore deines Rebenkörpers öffnet sich, um das Geschenk des neuen Lebens und Seins anzunehmen. Du hast wieder heim gefunden in das Paradies, den Garten Eden, in die Unbeschwertheit eines „Kind- Seins"

Wie sollst du nun zu deiner größten Version finden, wenn alles so aussichtslos mir erscheint und wenn du dich nur noch kraftlos und depressiv fühlst?

Dieses „Ich Bin" wirkt wie ein Häuten einer Schlange oder Raupe, die sich aus der Enge ihres Gewands, ihrer ursprünglichen Gestalt befreit und in eine neue in ungeahntere Möglichkeiten der Entfaltung hineinwächst.

Sie streift das Alte ab!

So bist auch du eingeladen, deine alte Persönlichkeit abzustreifen, abzulegen, loszulassen, dich total in allen Ansprüchen aufzugeben, in dein

„Oh großer Geist des Weinstocks, dein Wille geschehe!"

Du bist aufgefordert darauf zu vertrauen, dass dies eine totale „tiefe, dich transformierende Kraft" darstellt, die dein Leben verändern kann und wird.

„Es beginnt dich zu leben "- und siehe:

„Eins" wirst du mit dem Schoss des Mütterlichen, dem „Ich BIN" mit dem Allumfassenden Weinstock in dir! - „Eins" wirst du dann mit mir! - Du atmest es, du fühlst es und du bist es.

Mit dieser Ausrichtung auf dieses „ICH BIN" in dir, dieser Einheit mit dieser Kraft, kommst du mit ihm bzw. mir in Berührung, wirst du „Eins" damit.

Vielleicht spürst du jetzt sehr deutlich, dass dieses „Ich Bin - Leben" das Allumfassende göttliche Leben aus mir ist. Es stellt eine neue Qualität deines Leben, deines So-Seins, hier auf Erden, in dieser Körperlichkeit dar.

Darum geht es!

Dein Leben in deiner Körperlichkeit, als Zweig Hope, geht weiter, aber mit einem völlig neuen Bewusstseinsinhalt.

Über die Ebene der Körperlichkeit bist du natürlich öfters im Moment noch dein Leid:

„Ich Bin" mein Schmerz, Kummer und Sorge, und wenn du dich als Mensch darum „bekümmerst" bist, und bleibst du all dieses!

Die andere Ebene ist der Schritt:

„Ich Bin" das Licht – „Ich Bin" die Wahrheit – „Ich Bin" die Stärke – „Ich Bin" die Lösung all meiner Probleme.".

Dieses „Ich Bin" ist diese Energie, mit der du dein Leben eigentlich immer gestaltest.

Aber du bist, „Ich Bin" - eine unbeschränkte Seins-Energie.

Diese „Seinsenergie" ist identisch mit Bewusstseinsenergie meines Geistes, die dich gedacht, manifestiert hat und dich darstellt.

So kannst du erkennen, dass du in deinem Bewusstsein beides bist, das materielle, wie auch das Geistige.

Wenn du bereit bist dieses auch empfindend zu akzeptieren, „Ich Bin" die Erde und „Ich Bin" das Licht", kannst du den nächsten Schritt dein Bewusstsein aus dem körperlich bedürftigen polar orientierten „Erdenbewusstsein" herausnehmen und dieses in dein „Lichtbewusstsein" hinein erheben.

*„Ich Bin" das Licht – „Ich Bin" die Freude,
„Ich Bin" die Harmonie, das Glück, die Liebe".*

Mit diesem „Ich Bin" machst du eine Aussage über dich selbst und kommst dadurch in die Lage, deine Lebenssituationen bewusst herbeizuführen und gestalten zu können.

Wenn du genau das einatmest, mit deinen Vorstellungen und Empfindungen, kommst du mit den entsprechenden harmonischen Lebenssituationen für dein Wachstum auch in Berührung.

Fühle über deinen weiten und behutsamen Atem wie es in dir stärker und stärker wird, wie sich dieses Neue über dein Altes erhebt, wie der Phönix aus der Asche, der Schmetterling aus dem Kokon. Du wirst so sehen und erfahren, dass es dir gelingen wird, über die erfüllende Energie deines Herzens das Materielle deines Lebens und deiner Körperlichkeit zu verändern.

Und dann beginnst du, dich Schritt für Schritt deinem wahren Sein zu nähern:

„Ich Bin" der Weinstock und er ist in mir"

Dein Leben geht weiter, aber es geht weiter von Situation, von Lernaufgabenstellung zu Erfahrungen auf dieser Ebene, wo du dich noch bedürftig empfindest und dennoch gleich der Schlange und die Schlange, die bleibt - sich immer wieder häuten müssend - häutest auch du dich von deinen alten Vorstellungen, Meinungen, Glaubensmustern und Sätzen, die dich beinflusst und beengt haben, und es „Geschieht", von ganz alleine, wenn du so wirst:

Dein Leben verjüngt sich und „verjüngen" meint, dass deine Lebendigkeit nicht nur erhalten bleibt, sondern auch in einem ganz besonderem Masse fruchtbar gefördert wird.

Du wirst so lebendiger, lebhafter und so intensiviert sich auf diese spezielle Art und Weise dein Leben, spürst und fühlst deine eigene Lebensenergie mehr und mehr.

Deine neue Grundeinstellung wird dieses „ICH BIN" sein, aus dem Lichte aus Gott gekommen. In deiner tiefen Hoffnungslosigkeit, tiefen Depression und Wut, atmest du weit dieses:

„Ich bin das Licht, die Kraft und die Stärke"

und fühlst dadurch mehr und mehr, dieses „göttliche Wesen", das Meer, das Allumfassende in Dir auferstehen und aus dir strahlen. Du bist es jetzt, das Göttliche, das geht, das erfüllt ist.

Sieh noch einmal deinen menschlichen Standpunkt und fühle das was du schon lange fühlst und jetzt lass dich denken:

Licht in mir!
„Ich Bin"- Einfach immer nur dieses:
„Ich Bin" sein „Sein"
(S)ein Gedanke der Liebe!

Atme diese Kraft, deine Sicherheit, atme deine Stärke. Ganz leicht und behutsam tust du dieses in der Stille um diese Kraft wahr nehmen zu können und zu spüren.

So erfüllst du jede einzelne Zelle deines Bewusstseins damit, wo ich durch dich fließen kann, dein Leben gestaltend und führend. So wird dein Leben, ein Leben meiner lebendigen kraftvollen, stets schwangeren Stille, die mein unbegrenztes Potential fließen lässt. .

Die Kraft dieses Seins ist die Kraft des Lebens in dir. d.h. Du bist in deinem Leben Gott – und das Göttliche gestaltest du aus dir, eingebettet in mir!

Hopi erkannte nun noch intensiver, aus seiner Mitte:

Aus dem angeblich Bösen erwächst mir immer viel Gutes. Das Stillehalten, Nichtverdrängen, Aufmerksamsein, und Hand in Hand damit gehend, das Annehmen und Bewältigen der Wirklichkeit, der Dinge, wie sie sind und nicht, wie ich sie nach einer Vorstellung vom Leben will, hat mir viele Erkenntnisse, aber auch seltsame Kräfte und Zufälligkeiten gebracht, wie ich mir es früher nicht hätte vorstellen könne.

Ich habe so alle meine begrenzten zwanghaften Vorstellungen vom Leben losgelassen.

So werde ich mich am Weltenstock leben lassen, indem ich annehme, was mir jeweils der Tag und das Leben bringt, Gutes und Böses, Sonne und Schatten, die ja beständig wechseln und alles wird lebendiger. Was für ein Tor ich doch war! Wie habe ich doch mein Leben in beschränktes Tun und Handeln durch meine Vorstellungen von alleinigen, nur zielorientierten Zweifel und Befürchtungen bestimmen lassen!
(Vgl. C.G. Jung- Richard Wilhelm „Das Geheimnis der Goldenen Blüte" – Walter Verlag)

LIEBE

Ist dir schon einmal aufgefallen, dass im Wörtchen „Evolution" - „Liebe" versteckt enthalten ist?

„EVOL"ution = „Love" - Liebe ist immer der Stoff des Allumfassenden Geistgefäßes, das alles zusammenhält und ins Fließgleichgewicht bringen will.

Liebe beinhaltet immer die Thematik einer „Evolution" = Entwicklung zur größtmöglichen Verbundenheit mit Dir und der äußeren Welt.

Dieses Wachstum und die damit verbundene Selbsterkenntnis ermöglichen es erst, mehr und mehr Verbundenheit, mit Respekt im Äußeren, mit dem Nächsten zu praktizieren!

Denn Liebe selbst hat zu tun, mit deinen Begegnungen und Situationen, denen du begegnest und besonders jegliche intime Partnerschaft präsentiert dir auch immer diese Wachstumsthemen von Außen, (und dem anderen auch!) die du brauchst, um zu dir hin zu wachsen, zu deiner Einzigartigkeit!

Schöpfungsbetrachtungen

Gott als „Bewusstseinsfeld" bzw. Weinstock, ist manifestiert als verdichtete Energie, als konturierter Geist, sprich Materie in den vielfältigsten Formen. Alles ist so immer in ihn untrennbar eingebettet!

Wenn sich Gott, sprich das allumfassende Bewusstseinsfeld, bewegt, um etwas zu erschaffen muss immer auch Zeit entstehen, sonst gäbe es keinen Prozess seiner Schöpferkraft. Er könnte sich nicht einmal beobachten.

Er wäre das ewige „Ich bin...!" sowie als Analogie das Meer sich auch nicht sehen und erfahren könnte, wenn es als Welle nicht auf sich blicken würde, um über sich sagen zu können:

„Wie herrlich ich doch bin!"

Hier stoßen wir auf ein großes (gewolltes) „Pro"- blem" (übersetzt: Herausforderung!) für Gott in dieser Gegensätzlichkeit!

Da jeder Punkt im Bewusstseinsfeld „Göttlich" ist, also auch die Welle, das Erschaffene bzw. der Zweig „Hope" absolut göttlich, sämtliche Möglichkeiten (des Weinstocks) beinhaltend.

Der Rebenzweig Hopi kann also in sich hinein blicken um seine Unbegrenztheit und Geborgenheit und sein angelegtes Wachstumspotential im und aus dem Stamm zu erfahren.

Hier hakt es vermeintlich aus menschlicher Sicht, gewaltig, ist aber dem Bewusstseinsfeld, dem Großen Geist bewusst:

Wenn Gott etwas erschafft in der Form, sprich Welle bzw. Muster, als vielfältige Facetten seines Ausdrucks, dann wird zwangsläufig aus seinem weiblichen schwangeren Aspekten, einem ungeheuren Potential von möglichen „Bildwerken" etwas geboren:

Begrenztheit - Enge - Angst!*

*(Im Vergleich dazu ist es gemäß dem Grundsatz „Wie innen, so außen", wie „oben so unten" genauso wie in einer Schwangerschaft: Die Mutter ist für das Kind dort die Göttin schlechthin bzw. das Weltall. Sie ist für das Kind mit dem Weltall bzw. dem Meer identisch und sie ist mit dem ungeborenen Kind „Eins", d.h. es befindet sich quasi in der eingebetteten Einheit, mit Geborgenheit, Sicherheit. Mit der Geburt schickt sie das Kind (Welle) als ein individuelles Wesen in die Erfahrung seiner eigenen seelischen Anlagen und Gestaltungsthematiken in die äußere, vermeintlich getrennte (Wellen~) Welt des Meeres! Das ist immer ein sehr schmerzhafter Vorgang dieser vermeintlichen emotionalen Trennung von der Mutter, aber das Kind trägt diese Göttin, mit ihrem allumfassenden Gefühlsweltall, weiter in sich. Es sieht sich aber nun einer, ihm unbegreiflichen (Wellen~) Gefühls- und Wesenswelt ausgeliefert, was eben Angst, Furcht und Enge beinhaltet!)

Die erste Empfindung eines Schöpfungsprozesses wie bei einer menschlichen Geburt sich immer spiegelnd, ist also „Angst!" in der Welle!

Sie glaubt und erlebt, gefühlt in ihrer begrenzten Form, Enge, gleich Angst und Getrenntheit, gleichbedeutend Abgesondertheit von der Einheit wie beim Kind, das gerade aus dem Mutterleib gekommen ist und mit dem Abtrennen der Nabelschnur und eigenem Kreislauf in die Polarität gestoßen wird!

Das ist die „Sünde", die Abgesondertheit, von der alle Konfessionen sprechen und wenn Angst erzeugt wird, entstehen alle Abwehrmechanismen, welche Menschen immer nur nach außen schauend, die den Menschen nun quasi daran glaubend, zwingt, angeblich auf die Suche nach sich selbst zu gehen.

Aber in Wirklichkeit sind sie alle immer zu Hause, wenn sie nur in sich hinein blicken würden, was aber wiederum keine sinnlichen Erfahrungen der angelegten antreibenden Erfahrungsthemen ermöglicht.

Also ist Angst, die Enge, eigentlich der "Mechanismus", der ein Geschaffenes in die Selbst- Erfahrungsreise erst antreibt!

Es ist die Wahl, die gleichberechtigt dasteht!

Schaut ein Mensch nun immer in sich hinein, kann er zwar die Angst, sprich Enge relativieren, verliert aber den Bezug zur Welt, zum eigenen göttlichen Erfahrungsgedanken, den er nur in einer Polarität, in einer Welt der Gegensätzlichkeit, quasi als Welle in Bezug auf andere Wellen, mit seinen Anlagen dafür fokussierend erleben kann.

(Dr. Sommer erzählte in der Zeitschrift „Bravo" zwar immer über Sexualität, dies ersetzt aber das Erleben und Erfahren, in Bezug auf einen Partner/IN nicht!)

So war auch das „Bildwerk" des Adam nicht ein Mann, sondern symbolisch der erste Mensch. Adam, der „Erdgeborene!" war sowohl männlich als auch weiblich. Von diesem neutralen Zwitterwesen Adam nahm Gott die eine Seite (nicht Rippe!) in seinem Schöpfungsakt und schuf gleichberechtigt Mann und Frau ...„und sie erkannten einander" (Gen.1.4) und das heißt:

Ein Mann bzw. eine Frau bzw. ein Mensch kann sich nur als solche (r) im Äußeren erfahren, wenn es eine Polarität, eine Gegensätzlichkeit gibt, die man nicht ist!

Schaut der Mensch aber immer nur nach außen auf die anderen Formen, sprich Menschen, verliert er wieder den Bezug zur Einheit, wo Angst zum Kampf und Stress wird, weil er sich klein und bedürftig und schwach empfindet. Er glaubt dann nur durch äußere Macht und Kontrolle seine göttliche Größe erleben zu können, was wiederum eine Menge Energie kostet zur Aufrechterhaltung und immer mehr Verlustangst wieder erzeugt.

Somit ist der Mensch immer beides „Sohn des Himmels und Tochter der Erde" und darin aufgespannt und daraus gibt es kein Entrinnen – nur Akzeptanz!

Der Mensch kann aber symbolisch wie ein Zweig gegen andere Zweige kämpfen, mit Dornen um sich schlagen und in einer vermeintlichen Stärke „verholzen" und sinnlos Raum erobernd, wuchern.

Andererseits kann er nach innen blickend, die Weite in sich erfühlen, die Angst relativieren und somit zum eigenen starken Ast werden, je mehr er sich der Unbegrenztheit und Weite des Großen Lebensbaumes öffnet, beides verbindend, das Äußere und das Innere!

„Bleibet in mir und ich in euch. Gleichwie die Rebe kann keine Frucht bringen von ihr selber, sie bleibe denn am Weinstock, also auch ihr nicht, ihr bleibet denn in mir. Ich bin der Weinstock, ihr seid die Reben. Wer in mir bleibt und ich in ihm, der bringt viele Frucht, denn ohne mich könnt ihr nichts tun." (Johannes 15)

Der Kampf wird weniger, das Erleben qualitativ besser!

Kampf/Durchsetzung oder Akzeptanz sind keine gegensätzlichen Ausschließlichkeiten!

Deine Seele kennt kein „Entweder-Oder". Sie kennt „Sowohl als auch" – „Jetzt oder später" .Sie ist aber eine „Ganzheit", d.h. sie strebt immer nach Ausgleich von Polaritäten im System von Eigenschaften.

Sie erlaubt dem Menschen nach Wunsch und Glaube die Wahl, ruft aber gleichzeitig immer ebenfalls die Gegenpolarität in sein Leben hinein!

Der Mensch, der in seiner Selbsterkenntnisarbeit immer authentischer wird, lernt mehr und mehr die wahre Lebenskunst, wann es Zeit ist zu kämpfen, zu steuern und wann es die Zeitqualität erfordert sich hinzugeben und zu akzeptieren!

Der Bund mit dem Weinstock

Nimm nun einmal deine besorgten bzw. verzweifelten Situationen, wie dieser kleine Zweig am Weinstock. Sie lassen es dir bewusst werden lassen, wie sehr du in deiner Vergangenheit mit be-schränkten Glaubenssätzen nach wie vor verhaftet bist, so dass du scheinbar nicht in der Lage bist, das Gegenwärtige, den schöpferischen Augenblick zu erkennen, diesen anzunehmen und sich der großen Weite des Weinstockes, sprich Gott zu öffnen.

Darin liegt auch schon wieder die Frohbotschaft und damit auch schon das Wesentliche, nämlich die Erkenntnis der Notwendigkeit Sicherheit und Geborgenheit, Zuversicht und Vertrauen in dir zu entwickeln.

Das ist deine Gegenwart! - und was ist deine Zukunft?

Es ist die Situation, die eben in diesem Augenblick begonnen hat wo dich jetzt neuen Lebensdimensionen, neuen Möglichkeiten einer Empfindung von schier unendlicher Glückseligkeit öffnen kannst.

Du bist eingeladen, das jetzt anzunehmen.

Stelle dich ein auf die Stille, sprich Weite in dir und atme sie. Verbinde dich damit mit der Wahrheit deines Seins, dem Allumfassenden in dir, mit der Wirklichkeit, mit der Allgegenwart Gottes.

Es ist eine Allgegenwart, die gerade in diesem Augenblick beim Lesen besonders klar und deutlich für dich spürbar ist.

Fühle dabei vielleicht die Tränen in deinen Augen und die Wärme in deinem Herzen. Fühle den Überschwang an Dankbarkeit, der dich erfasst.

Jetzt atme dabei das Geheimnis ein:

„Ich bin es"! - Ich bin liebens-„würdig"
und es wert vom Leben beschenkt zu werden!"

Schau, das Faszinierende, das Unterschiedliche in deinem jetzigen augenblicklichen Empfinden ist, dass hier natürlich hier ein Quantensprung stattgefunden hat, in eine neue, dir unbekannte und nicht so gewohnte Bereitschaftsenergie, eines „Geschehenlassens", die nichts mit „tun müssen" zu tun hat.

Es ist das Potential einer Bereitschaft, die es dir bewusst machen kann, dass du das für deine Zukunft so unendlich Beglückende annehmen kannst, Du hast hier die Wahl und völlig unbeeinflusst natürlich die freie Entscheidung. Das Schmerzvolle ist an reichhaltigen Erfahrungen und Wachstumsmöglichkeiten genauso hilfreich und interessant wie das andere. Was du wählst, bleibt ganz alleine dir überlassen.

Die Frage die sich dir nun stellt ist: Genug gelitten, genug und ausreichend Schmerz empfunden, bist du ausreichend enttäuscht worden?

Nun ja! - Was erwartest du dir dann noch diesbezüglich?

Wie wäre es mit einer Rückkehr zur Quelle, zum Ursprung deines Seins, zum Großen Licht, zu Gott, dem Allumfassenden?

Herzlich willkommen zuhause!

Dieses „Zuhause" kennst du ja in der Formulierung „Wie im Himmel, so auf Erden" und du weißt, der Autor spielt hier auf einen be-rühmten Film „Wie im Himmel" an. Es lohnt sich, wie in diesem Film dafür alles gegeben zu haben, dafür zu sterben, alles gegeben zu haben, dafür das Ziel des „Einsseins" zu erreichen.

Sterben bedeutet hier nur das Loslassen all dessen, was einst einmal war. Es ist das Eintreten in das Licht der Erkenntnis.

Lass also alles, was war, los - Es ist deine Entscheidung!

Bist du in der Stille in der Liebe zu dir, dann spürst du dein schlagendes Herz, die Lebendigkeit dieses tief bewegenden emotionalen Schöpfungsraumes, die Lebendigkeit und die Allgegenwart dieser allumfassenden Liebe.

Durch diese Wortwahl zur Erfahrung deiner Liebe, in dieser „Geistkammer" des Herzens in dir, erfährst du jetzt viel über dich, dass du jetzt nicht der autoritäre Herrscher oder Boss sein musst, der Gewalt ausüben, mit Kampf herrschen und sich durchsetzen muss, mit Ellenbogen und Unterdrückung. Du darfst vielmehr auch Königin sein, d.h. das weibliche Prinzip des Schenkens, des Gebens, des Nährens, der einer Verbundenheit mit deiner Welt, „Liebe" genannt.

Denke dabei an die Symbolik des weiblichen Körpers, denke an die milchspendenden Brüste. Denke an den lebensspendenden Schoß. Es ist das Göttliche in einer Königin - dieses Gefühl, diese Qualität:

Du gibst, du schenkst jetzt Leben, dies ist die Symbolik des schlagenden Herzens, das mit jeder Bewegung das Leben erhält.

Was durch dieses neue Beglückende, das durch diese empfindbare Herzensqualität entsteht, gleich aus dem Phönix, aus der Asche deiner alten Situationen, ist die Tatsache der Sicherheit und Geborgenheit in dir und damit in deinen äußeren Situationen.

Genau darum geht es, dass du dir absolut sicher sein kannst, in der Sicherheit und in Gottes Liebe und Fürsorge geborgen zu sein, egal was geschieht und vor allem ganz egal, was im Äußeren, da draußen geschieht.

Es berührt dich nicht mehr und unterm Strich ist alles, was geschieht und sind alle Möglichkeiten des Geschehens für dich gut.

Das Ergebnis, egal wovon, es steht fest:

Es ist unvorstellbar gut für dich. Das alles bist du eingeladen einzuatmen bzw. auf dich wirken zu lassen.

Erkenne immer wieder das Gesagte:

Aus diesem Stillehalten, Nichtverdrängen, Aufmerksamsein, und Hand in Hand damit gehend, das Annehmen und Bewältigen der Wirklichkeit, der Dinge, wie sie sind und nicht wie du sie nach deinen Vorstellung willst bringt dir eben seltsame Kräfte und Zufälligkeiten, wie du dir es früher nicht hättest vorstellen können.

So spiele nun auch das Spiel des Lebens , indem du annimmst und gestaltest, was dir jeweils der Tag und das Leben bringt, Gutes und Böses, Sonne und Schatten, die ja beständig wechseln, und damit nimmst du auch dein eigenes Wesen mit seinen Gegensätzlichkeiten an, und alles wird lebendiger.

Damit baust du dein eigenes wirkliches Leben aus dir heraus, in dem du auch dann andere respektieren kannst, weil dein geklärtes Inneres im Außen auch Achtung erfährt.

Nicht mehr aufgesetzt und künstlich erscheinst du dann bzw. musst du erscheinen, bestehend aus äußeren Titeln, Ämtern, dogmatischen Überzeugungen, sondern du bestehst aus deiner Zuversicht, Vertrauen aus einer Sicherheit eines unerschütterbaren Gottvertrauens in deiner gefundenen Einzigartigkeit.

Aus all dieser heraus gestaltet sich dir dein neues Leben, das nun „Gottgleich" ist. Da gibt es dann nichts Totes, Verkrustetes, Unlebendiges, was sich auch in deinen äußeren Situationen als Blockaden spiegeln kann.

Wo du früher Berge an Schwierigkeiten sahst, erblickst du nunmehr Maulwurfshügel.

Es braucht keine Erwartungshaltung mehr mit vorgefassten Meinungen, wie „Genauso hat es zu sein".

Deine Enttäuschungen, die mit starren Vorstellungen oft einher gingen, waren vorprogrammiert. Wie oft wurdest du bei deiner Suche nach dir im Äußeren in deiner Vergangenheit enttäuscht, weil sich deine Hoffnungen nicht erfüllt haben. Aber wenn du Vorstellungen und Hoffnungen hattest, warst du doch sehr eingeschränkt in deiner Bereitschaft, dir etwas schenken zu lassen.

Möglicherweise kamen all diese Hoffnungen und Vorstellungen aus auch aus deinem damals mangelndem Selbstbewusstsein und Selbstwertgefühl, wo du andere zum Krückstock deiner Bedürftigkeiten machen wolltest, indem du Leistung für Liebe verkaufst hast.

Du kamst dir nicht wert vor, irgendwie oft überflüssig. Du warst dir nicht bewusst und aus diesem heraus hofftest du nun von außen Bestätigung, Liebe, Anerkennung, Wertschätzung zu bekommen.

Doch wer es selbst niemals erhalten hat, kann es auch nicht weitergeben. So war deine Erwartungshaltung an Andere nicht zielführend.

Gemäß deinen Spiegelungen, im Sinne von „wie Innen, so Außen", hattest du ja damals keine Chance das zu bekommen, wonach du dich sehntest, weil es, siehe Spiegelung nicht in dir war.

Was soll aber das Ergebnis einer menschlichen Begegnungs - oder Liebesbeziehung sein?

Dass du dich doch glücklich, geborgen und sicher fühlst!

Also beginne hier mit dem Ergebnis. Wenn du Harmonie und Glück erleben willst, musst du es erst in dir fühlen, auch als Selbstwert.- „There is no way to happiness, happiness is the way"!

Wie kannst du dieses Ergebnis fühlen, ohne dieses Empfinden auf der zwischenmenschlich polaren Ebene?

Natürlich, mit Gott - dem Göttlichen, dem Licht, dem Allumfassenden oder wie immer du beliebst es zu nennen.

Was heißt nun Lebensqualität?

Im Gegensatz zur Quantität zu äußeren messbaren, zählbaren Menge ist das qualitative Prinzip ein relatives, ein von deinem persönlichen Empfinden abhängiges.

Wenn du dich einfühlst in das in deinem Inneren sich fühlbar zeigende, so beginnt ein Ahnen dieses „qualitativen Empfindens", weil du dich ja um Qualität zu empfinden zumindest jetzt nach innen wenden musst, dich auf dein Inneres dich ausgerichtet hast.

Du kennst rein prinzipiell bestimmt das Prinzip der altertümlichen „Hohlerdetheorie" und vielleicht kannst du dich einmal als eine solche in diesem Zusammenhang sehen – nämlich, dass in deinem Inneren ein hochqualitativer psychischer Raum, im Sinne eines Weltenraumes existiert!

Aus diesem Weltenraum entstehen die qualitativen Welten d.h. du bist ein Raum in deinem Inneren einer Kapazität, im Sinne eines Bewusstseins, das mit dem Äußeren nichts gemein hat! und nur aus deinem Inneren ertönt diese qualitative Stimme.

Hier geht es nun darum, bereit zu sein und von äußeren Eindrücken und dem stets skeptischen Verstand einmal abzurücken!

Spürst du ein „Wohlfühlen", ist es wohl in qualitativer Ordnung! Versinke damit einmal in dich in diese Botschaft, dir damit Kraft zu vermitteln, dich erfüllen zu lassen, aus deinem eigenen Weltenraum der unbegrenzten schwangeren Möglichkeiten eines unbegrenzten Potentials in dir. Dieser Raum in dir, ist der Raum der Mystik, der lebendigen Gotteserfahrung, als dem Allumfassenden in dir!

Worin liegt hier die Bedeutung?

Es geht darum, dass du dich von den äußeren Räumen mit ihren nicht zu dir gehörenden „Eindrücken" einmal distanzierst, Abstand nimmst.

Durch deine nach innen gerichtete Aufmerksamkeit festigst du die Verbindung der Zuversicht, Vertrauen und Verbundenheit zu dir durch das Zulassen und Spüren der eigenen Qualität, unterstützt von deinem bewussten Atem!

Atme dieses entstehende Gefühl deiner aufbauenden Empfindungen dann ein. Dein bewusstes Ausatmen dieser Qualität, die du im Atmen immer stärker machst, erfüllt dir deine Qualität eines sicher und zuversichtlich und geborgen seins! Und aus dieser heraus bewusste geworden, agieren könnend, diese auch „ausstrahlen" könnend!

Erlebe die Qualität des Raumes, die Weite deiner Qualität in deinem Inneren!

Warum sollst du dein Inneres kennenlernen und sich deiner Mystik bewusst werden und was bedeutet es dem Ge- „Heim"-nis der Mystik auf die Spur zu kommen?

Das Geheimnis deiner Mitte, deines Seins, wie es das Wort Ge- „Heim"-nis andeutet, ist das Geheimnis des Schmetterlings, der seinen Kokon verlässt – des jungen Adlers, der die Schale des Eis zerbricht, der sich häutenden Schlange, die ihr altes Haus, die Haut, ihr altes Bewusstsein verlässt, der Zweig am Weinstock, der sich zum starken und fruchttragenden Rebenast verwandelt.

In dieses „Verlassen" gehend, also etwas nach Außen darstellen zu wollen, aufgebend, verlässt du jetzt, dadurch, dass du nach Innen gehst bzw. dich einfühlst!

Dabei bist du bereit, auf diesem Weg nach innen, zu dir zu finden, dein Geheimnis zu entdecken,   dich damit zu lieben, zu akzeptieren und respektieren zu können wie deinen Nächsten, mit deine erweiterten Kapazität in dir, die sich dann gemäß dem Gesetz:

„Wie innen, so außen" - auch im Äußeren zeigen wird:

In größeren Möglichkeiten mit weiterem Horizont und erfüllendere Lebensqualität schwelgen zu können, dadurch, dass du dich lieben gelernt hast, dadurch dass du dich in dein Inneres begeben hast!

Das ist dein Ge- „Heim"-nis!

Du suchst die Liebe und hast gewartet. Sie kam aber nicht, weil du im Außen gewartet hast, Leistung vielleicht noch für Liebe verkaufend, deine Aufmerksamkeit nach außen gerichtet hast.

Doch jetzt erwacht in dir eine Stimme, eine Erinnerung. Es erwacht dein eigenes qualitatives Bewusstsein, mit seinen angelegten Möglichkeiten und Anlagen.

Es geschah deshalb, weil du all deine emotionalen Fixierungen auf Situationen und Darstellungen aus dem Äußeren erst einmal relativiert hast, du gelernt hast sie mit Gleichmut und Distanz stehen zu lassen, keine Energie dafür mehr aufwendend.

Du begegnest jetzt dir – der Liebe zu dir!

Der Verstand meint, was soll das alles, du hast die oder jene Schwierigkeiten doch in deinem Hier und Jetzt! – Er sucht nach Lösung, irrt herum auf der Suche nach einer Lösung.

Aber dir, als ein Ganzheitliches, ist es mittlerweile klar geworden:

Der Verstand sucht auf der falschen Ebene und die richtige Frage ist doch die, nach den Voraussetzungen um der Liebe begegnen oder Schwierigkeiten überhaupt lösen zu können?

Er müsste in Zusammenarbeit mit deinem qualitativen Raum in dir doch erst einmal klären, wieso es überhaupt geschehen konnte, in diese Schwierigkeiten zu kommen bzw. warum du mit diesen in Berührung kommen konntest!

Da stößt du wieder auf nicht zu dir gehörende, emotionale Prägungen, Glaubenssätze bzw. Resonanzen mit vielerlei Ursachen und den damit verbundenen schmerzhaften Erfahrungen, die dich von deiner Qualität getrennt haben!

Hier gilt es nun erneut zu erkennen, dass das was in dir ist, sozusagen in dich hineingebracht worden ist. Es sind meist schon Programmierungen aus deiner frühesten Kindheit, oft schon deiner vorgeburtlichen Phase, wo du als Mensch noch unbewusst gewesen bist und dennoch bereits Prägungen empfangen hast. Das genau ist der Punkt, dass du aus deiner jetzigen Sicht heraus natürlich nicht mehr in der Lage bist, dir dieser Programmierungen bewusst zu sein.

Wenn du also geboren wirst, hast du quasi schon ein emotionales Raster bzw. Programmierung in dir, durch das du die Welt schon bewertest.

Du kannst dich natürlich später nicht mehr daran erinnern, durch wenn und durch was eine solche Prägung entstanden ist.

Aber jede Prägung kann quasi ausgeglichen und ausgefüllt werden, denn wie schon der Name sagt, etwas hat dich „geprägt", dich geformt, quasi „Be- EIN- ‚Druckt'".

Nun gilt es diese Prägungen im Leben *(Ängste, Frustration, Zwänge, Abwehrhaltungen)* körperliche Störungen quasi wieder auszugleichen, um dich dann durch die Neutralisation in eine positivere harmonischere Form, in ein harmonischer empfundenes Leben mit Qualität zu bringen.

Das bringt dich in deinen wahren Himmel und dann fühlst du dich nie mehr in die begrenzende schmerzliche Körperlichkeit bzw. Lebenssituation hinein geworfen, wie wenn jemand dich aus dem Himmel tief hinab in einen finsteren Urgrund geschleudert hätte und da bist du nun!

Aber was empfindest du nun jetzt:

Schrecken?- oder erscheint nicht vielmehr ein Lächeln, weil dich aus deinem Inneren ein Harmonieempfinden durchstrahlt?

Dein Standpunkt, wo du dich ansiedelst, wird in der nächsten Zeit von der größten Bedeutung sein!

Also: Was wählst du bzw. was fütterst du in dir!

Kämpfe nicht gegen Windmühlen wie Don Quichotte – Versuche diese Liebe nicht zu erzwingen. Sieh nicht dort Feinde, wo keine Feinde sind und bekämpfe nicht deine Feinde, wo keine sind.

Damit sind deine gegebenen Lebensumstände gemeint. Es ist all das, was dir feindlich erscheint, was du möglicherweise befürchten könntest, was möglicherweise nicht in dein harmonisch wirken sollendes Weltbild passt. Es ist all das zu dem du sagst: „Nein! - das will ich nicht, ich will es ganz anders!"

Aber das sind Windmühlen, aber eigentlich sehr nützliche Dinge für die eigene Erkenntnis.

Auf der anderen Seite - eine Mühle mahlt das Korn, weiß wie Mehl.
Es wird sozusagen in seine Bestandteile zerlegt, was für vielleicht für das Korn nicht gerade ein angenehmer Prozess ist, so zermahlen zu werden.

Aber vielleicht fühlst du dich auch in gewissen Situationen wie so ein Korn, das zwischen die Mühlsteine gerät und zermahlen wird, so dass schier nichts von dem überbleibt als Korn, das du als dein menschliches Ego mit: „Ich will, ich will, ich will aber so" empfinden könntest.

Jetzt wirst du selbst aber zermahlen, in deiner Bereitschaft aus dir etwas anderes werden zu lassen, vielleicht das Brot des Lebens zu backen, zu werden.

Wie wäre es, wenn du bereit wärst, das Brot des Lebens zu sein und den Hunger der anderen zu stillen - Wie wäre es, wenn du bereit wärst das Licht zu sein, das an sich leuchtet, ohne etwas zu wollen, einfach nur lichtvoll, sprich volle Zuversicht, Hohen Mutes und Vertrauen zu dir ?

Aber das hat ja eine tiefere Bedeutung „Licht" zu sein.

Du ahnst es ja: „L". und „Ich" und „T", wie „time" = Zeit. Es ist dein „Ich, dein Selbst, dein „Göttliches Ich" sozusagen, eingebunden in die Zeit. Dann nimmst du die Zeit an und in der Zeit enthalten ist der Schmerz, die Enttäuschung, das Leid.

Du nimmst es nun an und sagst „Ja" dazu. Leiden willst du nicht mehr, aber du sagst „Ich habe gelitten". Ich war hilflos, depressiv, aggressiv. Ich habe mich damals noch nicht gefunden."

Listigerweise hast du dich damals noch nicht gefunden, weil du dich noch nicht gesucht hast, aber vielleicht hast du dich in der Zwischenzeit zu suchen begonnen.

Vielleicht hast du dich unter dem Pseudonym „Liebe" gesucht. Das überraschende war, als du dich unter dem Pseudonym „Liebe" suchtest, fandest du dich, fandest zu dir.
Du fandest zu dir, weil es sonst nichts zu finden gab, dank der Enttäuschung. Dank dieser Enttäuschungen wurdest du gelenkt, geführt, immer wieder zu dir. Das einzige, was du immer nur finden konntest, warst du - nur du! – Immer nur du!

Vielleicht verstehst du jetzt dieses:

„Liebe deinen Nächsten wie dich selbst,
wie dich selbst, selbst, selbst!"

Ist dir diese Bedeutung nun voll bewusst, oder hast du es in deinen vielen Kursen nur nachgeplappert und hast es in seiner Konsequenz für dein Leben, nie in seiner Tiefe empfindend, verstanden und erkannt, vor allem die Verantwortung, die darin enthalten ist?

„Du bist der, der alles ist und damit seine erlebten Wahrheiten, sprich Situationen erschafft und nur du kannst es ändern!

Wenn auch etwas von außen aussieht, wie Stein, ist das, was darin enthalten sein kann, lebendig – Es sind flirrende Energiemuster, also Leben und Leben ist Liebe.

Jetzt nimm einmal deine, nicht uninteressanten Lebenssituationen und das Bedrohliche, das sich um dich herum entwickelt hat, das dich schier dich in eine Situation der Ausweglosigkeit gebracht hat. Es ist nun deine Aufgabe, in all diesen, dir als Mensch, so schrecklich vorkommenden Dingen, die Liebe als ein Wachstumsprogramm zu dir zu entdecken.

Es ist keine leichte Aufgabe. Lieber suchtest du die berühmte Stecknadel im Heuhaufen. Es bleibt dir nicht erspart, in all dem, was dich umgibt die Liebe zu entdecken. Aber das Allumfassende Göttliche ist immer bei dir und hilft dir dabei.

Wie du es machen kannst:

Du hast erkannt, über den Verstand geht es nicht. Der Verstand ist überfordert, gerät in Panik, also geh in die Stille, atme und mache dich spürbar weiter und weiter.

Vertraue Gott und vertraue dir! – Er und nicht du verändert und erfüllt dich!

Nimm irgendein Thema, das den Menschen oder dir allergrößte Sorgen bereitet. Dann geh in die Stille, gehe zur Quelle und lass dir die Botschaft, die darin enthalten ist, geben. Lass es dir erklären, über auftauchende Bilder, Gefühle, was es für dich bedeutet.

Wenn du in dieser Stille verharrst, hast du eine sehr wesentliche bedeutsame Erkenntnis. Du erkennst, dass sich die Antwort nicht unbedingt in Wortformen ergießt, aber in eine Art von Empfindung von Sicherheit, Geborgenheit und Wärme, die du auch eine Bewusstwerdung nennen kannst, die du tief in deiner Mitte, in deinem „Bauchraum" mit der Antwort erspürst.

Es ist in deinem Bauch dabei ganz, ganz warm geworden, und diese Wärme sagt, „Fürchte dich nicht, Sicherheit und Geborgenheit sind dein eigen, dein Leben, sind das Geschenk an dich."

Das bedeutet dann auch, dass all bei den dramatischen Ereignissen da draußen nichts dramatisches für dich dabei ist. Denn irgendwie hast du nach einiger Zeit des Übens das Gefühl, dass du dir deine eigene Welt aufgebaut hast, oder dass dir die eigene Welt geschenkt worden ist.

Diese neue Welt hat mit der alten da draußen nichts mehr gemein. Sie ist nicht mehr kompatibel, d.h. die Verbindung ist unterbrochen, weil du eine neue Verbindung aufgebaut hast - die Verbindung zu deinem wahren Sein, die Verbindung, zu Gott in Dir.

Dann wirst du anfangen dein Leben in dieser neuen Glückseligkeit als schön empfinden.

Es wird dir auch nichts fehlen, aus dem einfachen Grund weil du einfach glücklich bist und das ist ein wesentlicher Aspekt des „Glücklich seins". Du brauchst nichts mehr zu tun im Sinne äußerer mühevoller, bewusster Aktivitäten, um irgendetwas anders zu machen, um irgendetwas zu gestalten.

Der Vorgang des sich Gestaltens geht von alleine bzw. „Es gestaltet sich" und es genügt, dass du dieser göttlichen Gestaltung nur entsprechende Voraussetzungen einbringst.

Es ist ein „Input – Output" System, d.h. was du dem Leben bereit bist zu geben und hier sind wir bei dem unerschütterlichen göttlichen Urvertrauen, das bekommst du genau zurück.

Du vertraust Gott in dir und Gott liebt dich und vertraut dir!

Gott hat dich doch aus Liebe erschaffen. Er ist in dir und er liebt dich immer, deshalb weil du doch sein Ausdruck, sein Geschöpf bist, wo w sich als solches erfährt.

Also! – „Gottvoll" bist du immer und damit geliebt. Ob du es annehmen kannst, ist eine andere Sache!

Also, du verstehst! – Du verstehst Gott und Gott versteht dich – und dein Leben ist in Harmonie auf einer neuen Ebene der Bewusstwerdung ungeahnten Ausmaßes. Es geht also immer um dein Sein und um die Gestaltung deines Lebens aus dienem gewachsenen Bewusstsein, in Verbindung mit ihm heraus.

Das heißt, stehe dazu, zunächst „Du selbst zu werden" – und nicht, siehe die alten Programme: „Versuche es jemand immer recht zu machen" und fühle dich nicht immer primär für das Zufriedensein oder Glücklich sein einer anderen Person verantwortlich.

Darin liegen große Gefahren für dich, aus deiner Mitte gebracht werden zu können.

Lass uns dabei einmal das Gesagte am Beispiel eines Leuchtturms erläutern!

Was ist die Aufgabe des Leuchtturms?

Seine Aufgabe besteht doch darin, dann zu leuchten, wenn das Licht gebraucht wird!

Ein interessantes Wort: "Es wird gebraucht!"

Dein Leuchten aber, wenn alles licht ist und dein finster sein, wenn alles dunkel ist, wird es nicht gebraucht – Wozu auch?

Was das aber bedeutet in deinen konkreten Situationen:

Als Leuchtturm „Licht" zu sein, ist doch das maßgebende, sprich "gebraucht" zu werden und nicht die Veränderung für die Welt zu sein, an der du scheitern wirst, weil es nicht zum Licht in dir führt, sondern nur zu Anpassung an die scheinbaren Bedürfnisse der Welt, die dir zu Gänze sicherlich nicht folgt!

Orientiert sich der Leuchtturm am scheinbaren Bedarf seines Lichtseins, an der Dunkelheit oder leuchtet er nicht völlig "unabhängig" mit seinem eigenen Licht, immer in der gleichen Kraft und Stärke?

Ob es nun finstere wolkenverhangene Nacht oder eine relativ freundliche Vollmondnacht ist, der Leuchtturm orientiert sich danach nicht mit "Veränderung für die Welt" sein zu wollen.

Er will die Welt gar nicht verändern oder wichtig sein müssen!

Er ist erwartungslos und es ist ihm völlig „schnuppe", welche Wetterlage herrscht?

Denke daran, dass eine Wetterlage die unterschiedlichsten Situationen und Darstellungen symbolisiert und du deine Aufmerksamkeit dann darauf lenkst - und was wäre, wenn du dein Licht davon abhängig machen würdest?

Dann bist du nicht besser als ein Spiegel, der nur das darzustellen in der Lage ist, angepasst auf das zu reagieren, was sich ihm als Helligkeit im Außen darstellt. So ist ein Leuchtturm niemals ein Spiegel, der auf Veränderungen nur reagiert

Wäre es also nicht einfach sinnvoll, Leuchttürme und nicht nur Spiegel füreinander zu sein oder zu werden, die nur bewusste und unbewusste „Gesichter", oft von bedürftigen destruktiven Motiven und Absichten zeigen?

Aber durch Selbsterkenntnis und Entzünden des eigenen Lichtes, das eigene Schatten, das Unerkannte – Unerlöste in jedem durchdringt und durchlichtet, so dass das Licht aus dir noch heller stahlen kann, wird der Leuchtturm erst geboren. Du erkennst dann:

Dieser Leuchtturm bin ich! - und weit stahlt mein Licht und signalisiert den vorbeiziehenden Schiffen bzw. der Welt, die dich ausmacht: "Hier ist ein sicherer Hafen!" für andere, denen du gerne beistehen möchtest. Aber sie fahren ihren Weg, ihre eigene Route, für ihren eigenen Auftrag.

Aber dein Auftrag ist einzig und allein, ihnen dein erkanntes Licht zur Verfügung zu stellen, ohne bedrängenden missionierenden Worte, oder Taten, - nur dein Licht, wenn es gebraucht wird!

Also, Leuchtturm zu werden, heißt für dich und jeden anderen:

„Liebe deinen Nächsten" wie dich selbst",
dich selbst, dich selbst!

Schaffe dafür so erst einmal die unbegrenzten Voraussetzungen der Liebe zu dir. Diese absolut grenzenlose Liebe zu dir ist gleich Anerkennung, ist gleich Wertschätzung zu dir und automatisch strahlt diese Liebe, Anerkennung und Wertschätzung auf den anderen aus und zwar in einer ganz speziellen Resonanz, die von deinem emphatischen, sprich einfühlenden „Herzen zum Herzen" des Anderen kommt.

Wenn du es so sehen willst, siehst du jetzt einen leuchtenden Regenbogen, als verbindende Energie einer geklärten Herzenskommunikationsebene, die Verbundenheit und Respekt für dich und andere empfinden kann.

Der Strom der Liebesenergie und der Strom der Glücksempfindung wird deutlich spürbarer werden, dich immer mehr erfüllen können, wenn du dich einfühlst, in diese Regenbogenliebesenergie, die auch von der Wärme und Kraft in deinem Inneren getragen wird.

Lass es immer öfters fließen und sei besonders ganz still dabei. Genieße diesen Strom des „Angeschlossen Seins" an die Quelle deines Seins, an deine Seele- dein Selbst-, die ja der vollkommene harmonische Ausdruck des Allumfassenden ist.

Das ist der Bund des Regenbogens, den das Licht, das Allumfassende, der Weinstock, in dieser Symbolik mit den Menschen geschlossen hat. Er wurde von ihm geschlossen, von seinem Herzen, in das Herz aller Menschen und findet seine Wirkung im Außen nur über eine „geklärte Herzensenergie", nicht über das menschliche moralische oder konfessionelle Gesetz.

Erkenne:

„Ich bin das Herz des Universums.
Ich bin in Dir die Einheit in der Zweiheit"

Nun meint natürlich dein Verstand, er hat keine Ahnung, was ihm die Situation sagen soll.

Er kann sich auch gar nicht vorstellen, dass eine Lebenssituation zu ihm spricht, und einmal ganz ehrlich zu sein, meint dein Verstand, das Ganze sei etwas unsinnig.

Nun stehst du oft da, im Grunde von deinem Verstand im Stich gelassen und sollst dich nun gegen die Meinung deines Verstandes, auch möglicherweise gegen die Meinung der anderen dennoch durchsetzen, sollst bei dir bleiben, deinen Weg, deinen Kurs, deine Richtung einhalten, wo doch so viele unterschiedliche Irritationen unterschiedlichster Natur auf dich einwirken.

Angenommen, du wärst in unterschiedlichen Abhängigkeiten von äußeren Darstellungen, Situationen.

Nun fühle in dich einmal hinein, wo diese Punkte, die Schwachstellen in deinem Leben sind, wo du dich abhängig fühlst, von äußeren Gegebenheiten, z. B auch von materiellen Quellen äußerer Versorgung oder von einer Quelle emotionaler Zuwendung, so dass du meinen könntest, wenn diese Quelle versiegt, stürzt du in eine dunkle schreckliche Haltlosigkeit.

Aber über den weiten behutsamen Vorgang deines Atems in der Stille und gefühlter Weite, wirst du erkennen, dass es hier gerade um dich geht, um deine Situationen, und wenn es dir noch nicht so deutlich aufgefallen ist so laden wir dich ein, dessen bewusster zu werden, was um dich herum geschieht.

Das Stichwort heißt hier „Brücken schlagen.", auch wenn es oft eher bei dir so aussieht, als würden hier gebaute Brücken zusammenbrechen und du hättest keine Möglichkeit mehr, den bzw. die anderen oder das andere über diese Brücken zu erreichen.

Doch das was dir am Ende noch bleibt, ist die eine entscheidende Brücke, die du im Bild eines Regenbogens erkennen kannst, und du bist eingeladen über diesen Regenbogen, als Symbol für ein erfülltes Leben zu meditieren.

Erkenne, dass ein Regenbogen mit seiner Farbensymbolik zumeist dann entsteht, wenn es aufgehört hat zu regnen, wenn sozusagen aus menschlicher Sicht aus einer miesen Situation wieder schönes Wetter, sprich Harmonie wird und die Sonne wieder hervor bricht!

Der Regenbogen ist damit dein ganz persönliches Zeichen einer grundlegenden Veränderung in deinem Leben.

Das Schöne ist ja, an dem zuvor Gesagten zu erkennen, dass du damit beginnst, dir deinen Regenbogen aufzubauen, ihn zu visualisieren, ihn sehen, an ihn glauben zu lernen und dass zuvor die Erforderlichkeit besteht, andere morsche, alte materielle Brücken zusammenbrechen zu lassen.

Dies soll dich in diese Motivation, eben über deine Zwangslage bringen, jetzt aus dir heraus diesen Regenbogen, diesen neuen Weg, eine Brücke in eine neue Zeit, dein neues „Bewusst geworden sein" zu erbauen d.h. neu zu fühlen, zu empfinden.

In der Symbolik bist du natürlich immer verbunden mit den jetzigen Situationen deines Lebens, die dir in deinem Bewusstseinsraum begegnen, dass du als Mensch immer Opfer deines Lebens sein wirst, Opfer sein musst. Die einzige Chance, die du als Mensch hast, besteht aber darin, dir die Ebene deines Opferseins aussuchen bzw. erschaffen zu können.

Die Wichtigkeit dieser Erkenntnis lässt dich deine Opferrolle leichter ertragen. Denn als Mensch bist du über deine Körperlichkeit so zu sagen schon gebunden bzw. als Körper in einer gewissen sozialen Umgebung bist du einfach gebunden, in Verbindung.

So fragst du dich natürlich nach dem Ausweg aus deinen misslich empfundenen Situationen:

„Wie kann ich es schaffen, aus dieser scheinbar so unentrinnbaren Situation mit der Körperlichkeit dennoch zu entrinnen?

Die Lösung lautet:

Gehe über die Brücke und deponiere deine Situationen in einem anderen Bewusstseinsraum. Natürlich, das Bewusstsein und seine Beeinflussbarkeit gehören zu dir und in diesem Leben kannst du dich davon nicht endgültig trennen.

Du hast nur die Chance dein Bewusstsein, das menschliche, dich ängstigende, unsichere Begrenzte, in einen anderen Bewusstseinsraum zu verlagern.

Verlagere nun dieses ängstliche Bewusstsein in eine neue Einstellung von: „ Ich bin alles was ist" und erkenne:

Wenn der Geist sich regt, d.h. als „Er" sich nämlich erregte, sich be- „GEIST"- erte (*geysir = erregen*) er sich für seine „Ein–
„Bild"- ungen", sein Bildwerk. So entstanden die „Dinge!".

Auch in der symbolischen Bibel heißt es richtig übersetzt nicht: „

Am Anfang war das „Wort", sondern die „Schwingung" – also „Erregung"! d.h. jeder Mensch ist sein „erregter Geist"!

Der weit verbreitete Irrtum ist, dass ein nettes unterwürfiges Gebet, zur Wunscherfüllung oder Befreiung mit winselnder Gnade, dich nie aus deinen Miseren führt.

Ist es dabei immer noch nicht aufgefallen, dass hingegen die erregten als „negativ" bewerteten Befürchtungsenergien und Wut und Hass sich immer wiederholend spiegeln, eben, weil man gegen etwas ist?

Das nette Gebet funktioniert augenscheinlich auch nicht, da die Wut doch augenscheinlich gegen Situationen und Menschen kocht und die Umwelt noch negativ reagiert auf deine Schatten, sprich deine begrenzten Bedürftigkeiten spiegelnd!

Er kommt nicht zu dir, wenn du bettelst, oder bittest. Das ist eine Verleugnung deiner Schöpferkraft. Aber wenn du Ihn, als seine Quelle einlädst, mit erregender aufbauenden Energie zu dir, dann kommt er!

Die Lösung liegt also wiederum in der Erkenntnis, dass der Geist auf emotionale Erregungen bewusster oder unbewusster Natur anspricht!

Dieser Geist, das Allumfassende, ist in Wirklichkeit ein energetischer Bewusstseinsraum, eine ungeheure schwangere Potenz von vielfältigsten Möglichkeiten an verdichteten Energiemustern (~Formen), die gleich einem Engel nur darauf warten, über dich und durch dich in dein Leben eintreten zu dürfen.

Wieso konntest du aber noch nicht von deinem engen Hühnerhaus deines begrenzten menschlichen Bewusstseins in eine „Bewusstseinsvilla" mit vielen hellen weiten Räumen einziehen?

Dieses liegt primär an deiner ganz persönlichen Unsicherheit, in deinem Verhalten über deine Meinung und Einstellung zu dir, über die Effizienz deines Tuns. Denn du meinst nach wie vor, in deinem Leben noch nicht sehr erfolgreich gewesen zu sein.

Dein Verstand meint dies zu Recht, und versucht Gründe aufzuzählen, warum du nicht so recht einverstanden sein kannst bzw. einverstanden sein zu dürfen.

Aber die gegebenen Situationen deines Lebens zwingen dich und wenn du es noch nicht so sehr als Zwang empfunden hast, werden sie dich noch viel mehr zwingen, die „Farbe" deiner wirklichen Einzigartigkeit zu erkennen, über den zunehmenden Gleichklang von Intuition, Gefühl und Verstand.

Das da draußen, was eigentlich dem Menschen so viel Angst und Unbehagen bereitet, gestaltet sich in jedem Augenblick aus deinem Inneren heraus und du kannst es in jedem Augenblick verändern!

So wie du empfindest, so gestaltet es sich - So wie du fühlst und denke nicht das Aufgesetzte, im Sinne von „Auf diesen Felsen will ich meine Kirche bauen."

Nein! – „Aus diesem Felsen will ich meine Kirche herausgemeißelt sehen, so wie das Göttliche sich durch mich ausdrükken und erfahren möchte!"

Aus diesem, deinem wahren „Ich Bin" kommt deine Glaubensstruktur deiner Überzeugung des unerschütterlichen Vertrauens. In diesem Augenblick hast du die Aufgabe angenommen, aus deinem wahren Sein heraus, jetzt nicht nur dein Leben, sondern auch dein Leben auf Erden zu gestalten.

Dies geschieht aber nicht, indem du hinausgehst und kämpfst, sondern einfach da du so geworden bist, der du bist, von Anfang an, als ein Göttliches Wesen, als das Licht, das in die Dunkelheit ging, um es auf einer Heldenreise zu dir, in der Dunkelheit, aus sich selbst, wieder licht werden zu lassen.

Erlebe dabei, wie sich in dir die Strukturen verändern, neue Verbindungen, neue Vernetzungen geschaffen, sozusagen neue „Lichtleitungen" verlegt werden und dadurch dir die Möglichkeit gegeben wird, dass ein neues Licht dein Leben beleuchtet, ein neuer Tag entsteht, ein neues Zeitalter in dir anbricht.

Es ist das berühmte angekündigte neue Zeitalter einer grenzen-
losen Seligkeit in deinem Licht – dein: „**Jüngster Tag**"! und
dein Himmel erscheint in dir, weil du in dir alles in Ordnung
gebracht hast!

Welche Rolle spielt da der Glaube wo es da schon heißt:

„Wenn ihr Glauben hättet, dann könntet ihr Berge versetzen"!
(Mt.17:20) oder „Dasselbe könnt ihr auch, hättet ihr nur Glaube
wie ein Senfkorn"! (Mt. 13)

Das Zentrum des Glaubens ist die „Verbundenheit" mit dem
eigenen Selbst! - und wirklicher Glaube, kann deshalb nur aus
dem Inneren kommen, wenn Intuition, Gefühl und Verstand zu-
sammenarbeiten, um deiner individuellen Idee, dem „Bildwerk"
des Göttlichen – der Seele - Ausdruck zu geben!
Dann erst kann man Berge – sprich die Problematiken des eigenen Lebens „versetzen", sprich aus dem Weg räumen oder
auflösen, das nur dann mehr kleine Maulwurfshügel aufzeigt,
die leicht zu umgehen sind.
Der Mensch wird dann mehr und mehr „seelenverwandt" mit der
„Großen Absicht" in ihm. Das Befolgen von konfessionellen
Regeln jedoch, ist also nicht Glaube. Es führt zur Angst vor
der Entfaltung eigener Fähigkeiten, verhindert die Gewissheit
der Möglichkeit, eigener Schöpfer des Lebens zu sein.
Wer immer sein wahres Wesen, seines Selbst anfängt zu „stu-
dieren", wie das Senfkorn, oder die Rebe „Hopi" und über das
Einlassen in seine innere Führung erkennt und diese zulässt,
dann erfüllt sie mit Kreativität und Visionen, führt auf offene
Wege, die der begrenzte Verstand nie in der Lage ist, zu erkennen.*

* „Der Mensch muss erfahren, was ihn trägt, wenn er sich nicht mehr
tragen kann und äußere stabilisierendes Umfeld wegbricht. Einzig diese
Erfahrung gibt ihm eine unzerstörbare Grundlage. ......"Derjenige, der die
religiöse Erfahrung hat, besitzt den großen Schatz einer Sache, die ihm
zu einer Quelle von Leben, Sinn und Schönheit wurde, und die der Welt
und der Menschheit einen neuen Glanz gegeben hat. Er hat Pistis,
sprich (Glaube) und Frieden". (C.G.Jung)

Himmel und Glaube!
Gleichklang von Denken, Fühlen Intuition!

Ein Baum bzw. Pflanze, der/die, wie die Rebe Hope wachsen und sich entfalten will, wächst bzw. treibt (Handeln!) einen Spross z.B. zunächst zur ausgesuchten Rechten (Denken!), Wenn dieser völlig gebildet ist bzw. auch schon vielleicht während des Bildens, so will der natürliche Drang des weiteren Wachstums nicht über die Endknospe hinaus weiter wachsen, weil ein Ungleichgewicht zur Linken (Fühlen) gespürt bzw. (schmerzlich!) erfahren wird. Sie fließt bzw. blickt zurück in den Stamm bzw. fließt zurück in den Stamm, in die „Mutter" des Zweiges und bahnt sich im Bewusstsein fortschreitend, sich im Stammhaften fokussierend, auch über Unsicherheit in schwankenden täglichen Erfahrung durch veränderliche Umwelteinflüsse, ihren Weg und findet gerade die richtige Stelle zur Linken als gefühlten Ausgleich und treibt dort einen neuen Spross hervor.

Diese neue Richtung des Wachstums ist aber der früheren oft ganz entgegengesetzt, aber doch dem Ganzen Gleichgewicht dienlich. So wächst die Pflanze in dieser Weise gleichmäßig ohne Überspannung und Störung des Gleichgewichtes – weil sie ein Fließgleichgewicht braucht, sonst bricht sie zu Seite weg!
(Katastrophe = Notwendigkeit zu Umkehr!)

Das Ganze muss bzw. kann aber nur mit der Intuition geschehen, d.h. ins Innere Stammes blickend, muss sie gleichzeitig ihre Idee – ihre höchsten Version (Seele!) wahrnehmen bzw. sich darauf besinnen (z.B. nicht Fichte, sondern Rose! werden!) um in ihrem Wachstumsausdruck die Idee ihrer Einzigartigkeit zugrunde zu legen bzw. im Sinn zu haben, um ihr folgen zu können!

Das ist der Kontakt der Pflanze, mit ihrer Intuition, als ein Zustand aus einer wahrgenommen besinnlichen Mitte in der Stille! Nur so kann sie durch den inneren Halt durch ihr Bildwerk mit stärkstem Vertrauen wahrnehmend in ihr Leben für nachhaltiges Wachstum hineinfließen lassen!

Das ist dann wirklicher Glaube und „himmlische" Ordnung!

Der Schöpfergeist

Alles, was als sichtbare Schöpfung existiert, ist ein "Großes Bildwerk" in einem Bewusstseinsgeistfeld „Gott" genannt. Von dieser Kraft dieses „All-Bewusstseins" gehen alle Dinge aus und sind immer untrennbar in dieses eingebettet!

Wenn du einmal von der Grundvoraussetzung ausgehst, dass du eingebettet in diesem Bewusstsein existierst, als ein Seiendes dieses Bewusstsein spiegelnd, so wäre das grundlegende Talent, das du möglicherweise hast, ebenfalls das Talent deiner Unbegrenztheit.

Prinzipiell „Allumfassend" zu sein, bedeutet nun einmal unbegrenzt, vollkommen und sämtliche Möglichkeiten beinhaltend, also ein sehr schönes und sehr erstrebenswertes Talent, das du ganz einfach aus deinem „So sein", als deinem Menschsein in dir hast. Da dieser Große Geist allumfassend ist, so bist auch du allumfassend, und somit ist auch ein höchstes Wohlbefinden, Harmonie und Verbundenheit in dir angelegt! -Das ist Liebe!

Also „weiter", sprich „Allumfassender werdend", in deinem Bewusstsein hast du den Vorteil, all die Dinge automatisch erreichen zu können, die du dir vorher in deinem noch nicht erreichten göttlichen Zustand gar nicht in der Lage gewesen wärst, dir vorzustellen.

So ist das wichtigste in deinem Leben, dir immer mehr bewusster zu werden. Denn in diesem Augenblick, wo es dir bewusst wird, kommst du genau in dieses Energiepotential hinein, in diese magisch „energetische Kapazität", wo dir ein erfülltes Leben, egal nun was, entsprechend dieser Qualität gelingt und ganz allein darauf kommt es an!

Schaffe dadurch und damit die Voraussetzungen für das, was du ohne diese Voraussetzungen noch nicht sehen und erkennen kannst.

Um einen großen und weiten Überblick über dein Leben zu haben, über die sich zeigenden Möglichkeiten, bedarf es zuerst des Aufstiegs. Tief unten im Tal, in der Sucht deiner Bedürftigkeiten, kannst du die Gegend, in der du bist, kannst du all die darin enthaltenen Möglichkeiten nicht erkennen.

Bist du also bereit, dich zu erheben, aus dem polaren Dunkeln, des sich schwach und unsicher "Fühlens", in deinen Zweifeln verhaftet, in die Höhe deines Bewusstseins deiner eigenen zunehmenden Unbegrenztheit?

Kannst du dich da, dies immer mehr empfindend, erhöhen:

„Ich bin im Grunde auch dieses Allumfassende"

„Ich bin auch ein Engel, ein Bote seines Lichtes"

Kannst du dich da im Allumfassenden sehen?

Du kannst dich diesen Herausforderungen nur dann gewachsen fühlen, wenn du deine wahre Natur bereit geworden bist, anzunehmen, es in dein Leben hineinfließen zu lassen, anstatt laufend krampfhaft zu suchen und darum zu kämpfen.

Bist du also bereit, dich zu erheben, aus deinem menschlich empfundenen und erlebten Dunkeln, des sich schwach und unsicher "Fühlens" in die Höhe deines Bewusstseins deiner eigenen zunehmenden Unbegrenztheit?

Das, was also der Erfüllung in deinem Leben entgegensteht, ist deine mangelnde Bereitschaft dieses hohe Geschenk, deines Engelseins" wieder an zu nehmen, das aus seinem Bewusstsein die Dinge gestaltet und harmonisch in dein Leben fließen lässt, je weiter und größer es sich in dir anfühlt.

Es genügt also eigentlich nur die Offenheit und Bereitschaft, dir von deinem Engel in dir, der du ja, wenn auch unbewusst bist, etwas sagen zu lassen. Aber welcher Mensch ist bereit, sich etwas sagen zu lassen und schon gar nicht heute von einem „Engel", als personifizierte Energieform, die ihm das Allumfassende auf Anforderung „zudenkt"!

Warum eigentlich nicht? – Könnte es nicht sein, dass sich dadurch sich etwas in deinem Leben zu erfüllen und zu fließen beginnt?

„Wie innen, so außen! - Wenn du bereit bist, etwas von Innen aus dir auf zu nehmen in die symbolische Bereitschaftenergie „ Ich bin mein Engel des Lichtes?

Aber da meldet sich der Verstand beim Skeptiker und Zweifler und tausend „Aber`s" tun sich auf und die Heuschecken des Zweifels und der Sorgen machen alles wieder kaputt!

Schalte doch mal um, auch als überzeugter Atheist, in dem das Allumfassende es liebt, verstecken zu spielen und probier`s mal immer wieder in der Stille des achtsamen Atems „Ich bin mein Engel des Lichtes"!

Spüre hinein, was sich da tut, was da aus deinem „Gedankenbriefkasten" mit der Zeit an spürbaren fruchtbaren Assoziationen auftaucht!

Wie kann Gott so schreckliche Dinge in der Welt oder bei mir zulassen - Wo war Gott in diesem Augenblick - Warum ist die Welt so wie sie es gibt?

Wie heißt es aber nicht umzufallender Weise:

Der Mensch sieht meist alles durch die Brille seiner Angst und Befürchtungen, und daher sieht alles angstvoll aus und „Angst und Furcht vor Gott" regieren die Welt!

Könnte es nicht sein, dass Menschen immer alles durch die Brille der Polarität, durch sehen, als polares Wesen sehen müssen oder sollen?

Es ist eben wieder dein Glaube, deine innersten Überzeugungen, die dein Leben gestalten.

Als Schöpfer ist Gott Leben und Lebendigkeit, der die Berge hinweg fegt, die die Menschen und dich am Leben hindern, um eine freie Sicht auf das Leben und die Allgegenwart des Göttlichen zu ermöglichen, also in die Unbegrenztheit des Seins!

Hast du nicht zwei menschliche Augen und bist du nicht eingeladen z.B. durch die Chakrenlehre oder Meditation dein durchblickendes „Drittes Auge" bzw. deine Intuition zu erwecken, um alles zu durchblicken?

Könnte es nicht die Frage provozieren, dass all die schrecklichen Ereignisse dich die Frage stellen lassen:

Warum musste das geschehen oder mir zufallen?

Müsste Gott sich entschuldigen, so würde er das tun, aber er würde gleichzeitig versuchen dir begreiflich zu machen, dass dieses, wenn auch noch so Schreckliche einen tiefen und bedeutsamen Sinn für dich hat, denn „ Ich bin ja allgegenwärtig und es kommt auf die Brille von dir an, wie du die Dinge durch deine Brille sehen willst. Ich akzeptiere deine begrenzten Entscheidungen, deine Sichtweisen, da ich ein liebender aber unbegrenzter Gott bin!"

Die Lösung ist einfach durch die Frage zu beantworten:

Aus der Einheit betrachtet, erkennst du die Einheit aller Dinge - Aus der Polarität betrachtet, erkennst du das Verschieden sein aller Dinge, aber auch dich selbst und was du nicht bist.

Es ist eine Frage der Ebene, eine Betrachtungsweise, wie dir die Dinge erscheinen und die moderne Wissenschaft bestätigt doch diesen religiösen Standpunkt:

Das Beobachtete ist nicht unabhängig vom Beobachter mit seinem Beobachtungsinstrument, d.h. „Ich glaube, was ich sehe"- ist nicht zutreffend, sondern du erlebst, was du tief in dir innerlich glaubst".

Deine bewussten oder unbewussten emotional geladenen Überzeugungen sind dabei der Zaubertrank, der deine Wirklichkeit erzeugt!

Wir sehen und bekommen immer das, was wir glauben!

Mit deinen Fragen nach sinnvollen Bedeutungen in deinem Leben drückst du dich vor Entscheidungen, die dir die Lebendigkeit und das Leben zurück geben Du möchtest dabei dein Gefängnis beibehalten und wiederholst die Refrains um dich vom Leben und seinen Erfah-rungen zu drücken und betest eigentlich immer:

> „O Herr befreie mich aus meinen Fesseln,
> aber lasse mein Gefängnis so wie es ist!"

Du fragst ständig Welche „Bedeutung" und „Warum", anstatt dir deine inneren und äußeren Ziele zu setzen, gemäß seinem seelischen Auftrag und zu beginnen und dich als Schöpfer zu erfahren!

Wenn du laufend fragst: „Was hat Bedeutung", erschaffst du nicht, du bleibst in Unsicherheit und Zweifeln und gibst deinem Leben und damit dir selbst keine Bedeutung und reagierst nur anstatt bewusst agieren zu können!

Deine Wirklichkeit hat immer die Bedeutung, kann alles sein, für was du sie hältst.

Aber du gibst ihr keine leidenschaftliche Hingabe und Achtung. Du stellst sie nur immer in Frage und bleibst ein Schatten deines göttlichen Gedankens!

Nur du hast die Wahl, dein Leben und seine Situation zu heiligen, d.h. „heiligen" heißt ihm und einer seiner/Möglichkeiten Bedeutung zu geben.

Nur du hast die Macht, dir, mit eigenen erregenden Empfindungsvorstellungen, deinem Leben „BE" -Deutung" zu geben.

Ansonsten bleibst du sitzen wie ein Adler auf einem Berg, der ringsum von Nebel eingehüllt ist und nicht weiß wohin er fliegen soll, um Nahrung zu finden. Wenn er keiner der Richtungen Bedeutung gibt, dann wird er verhungern!

Aber es ist natürlich auch eine Möglichkeit der Wahl deinem Leben keine Bedeutung zu geben – Dann identifizierst und existierst du und der Adler sich mit dem Nebel (Lies mal Nebel rückwärts!), existierst als Nebel, als Möglichkeit und das Leben spiegelt dir Nebel, sprich Unklarheit.

Dein tiefstes Vertrauen in dich gepaart, mit der Bedeutung die du deinem Leben gibst, stellt höchste Aufmerksamkeit dar, wo sich deine Überzeugungen zu deiner Wirklichkeit verdichten.

Ganz nebenbei bemerkt, sind wir Meister in der Erzeugung von psychischen „Befürchtungsenergien", die durch uns in Erscheinung treten. Der Glaube bekommt dann Gewicht, wenn du in dir lernst, deine Intuition wahrzunehmen und dann daran zu glauben, was sie dir sagt!

Dann kannst du nie fehlgehen, wobei Intuition nicht nur aus dieser leisen amoralischen Stimme aus dir zu bezeichnen ist, sondern auch in hellsichtigen Träumen aus dem „Weinstock" auftaucht, als auch in den zu lesenden "Zufälligkeiten", die dir täglich begegnen!*

Deswegen bekommen wir oft das was wir in unseren Befürchtungen glauben und nicht das was wir uns vorstellen!

Die Angst also, die Befürchtung den richtigen Weg zu verpassen oder nicht zu nehmen, kann dich geradezu in das Verderben bzw. schmerzliche Erfahrungen führen!

Ein wichtiger Punkt kann dir dabei helfen, deine Emotionen zu verstehen. Emotionen kommen nicht aus dem Nichts, sondern sie folgen oft auf Gedanken und einem, damit gespeicherten körperlichen Empfinden heraus gemachten Erfahrungen.

Deine aufbauenden oder destruktiven Emotionen sind das Ergebnis, von bewertenden verzerrten Empfindungseinstellungen, meist von vergangenen schmerzhaften Erlebnissen, die dich geprägt haben und sich für dich, als Irrwege, mit verhängnisvollen Schlussfolgerungen fortsetzen können.

Werde dir bitte in diesem Zusammenhang grundsätzlich noch einmal bewusst, dass du sprichwörtlich in deiner Vergangenheit lebst!

Erregende Emotionen sind oft die dich bewegenden körperlich orientierten Empfindungen und Gefühlsbilder aus der Vergangenheit und schaffen damit auch wieder dieselbe Zukunft und lassen keine Wunder zu, die aus dem Glauben erst möglich werden. Ein Wunder ist dabei das was außerhalb den vorstellbaren Möglichkeiten deines menschlichen Denkens und Wissens liegt und das ist hier der Punkt:

*„Der wirkliche Umgang des Menschen in Gott hat an der Welt nicht bloß seinen Ort (z.B. die Kirche), sondern auch den Gegenstand, deine Situationen im Alltag. Gott redet zu dir, zum Menschen in den Dingen und Personen und alltäglichen Situationen, die er dir immer liebevoll ins Leben schickt, damit du dich daran erkennst. Der Mensch antwortet mit seinen Handlungen und Entscheidungen eben an diesen Wesen und Dingen, um zu lernen mit seinem Leben, mit seinem ganz persönlichen Leben sich selber mit Gott zu verbinden, wenn er diese Botschaften lernt richtig zu lesen." (Hermann Hesse)

Lass Wunder geschehen, aber Wunder geschehen lassen, kannst du nur dann, wenn du die Begrenzungen deiner Vorstellungen bzw. „Nicht-Vorstellungen" bereit bist, loszulassen.

Die Erfahrungen der Vergangenheit in die Zukunft projiziert, das ist das was der Verstand und das redliche Wissen mit alten erfahrenen Emotionsmustern kann, das was ihm real und realistisch und vernünftig erscheint!

Aber einen nicht vorstellbaren Fortschritt, eine vor allem aus den gegebenen Voraussetzungen heraus nicht vorstellbare Veränderung ist der Verstand nicht bereit anzunehmen. Dort ist bei ihm keine Bereitschaft vorhanden.
.

Gemäß dem Gesetz „Alles hat eine geistige Ursache", hast du durch deine bewertenden Programmierungen deine jetzigen Ereignisse, Situationen und Darstellungen hervorgerufen.

Du hältst oft zu sehr an tief in deiner Psyche arbeitenden schmerzhaften alten Gefühlen fest.

Dann hast du das Gefühl unterzugehen, wenn du diese loslassen musst und dich eine Zeitlang auf den unsicheren Boden eines neuen Wachstums zu begeben hast. Weiterhin braucht alles in der Materie „Zeit", um sich zu manifestieren.

Wenn du also unpässliche Darstellungen erlebst, so handelst bzw. kämpfst du immer in oder gegen deine eigene Vergangenheit. Mit dem Kämpfen gegen das, sich im Außen manifestiert habende „Schuldige" schürst du nur noch das negative Störfeuer in deiner Zukunft.

Du schenkst diesem nur noch mehr Energie!

Dies äußert sich natürlich in einsichtiger Weise auch besonders im Krankheitsgeschehen. So ist z.B. ein Magengeschwür immer ein Symptom aus der Vergangenheit, ein Handeln gegen deine Intuition, deinen Lebenssinn, aber auch unter Umständen, nach deinem Glauben, dass Stress mit Alkohol, Drogen etc. getragen sein muss, oder Lebensstandard mit Lebensqualität verwechselt wird.

Jedes Bekämpfen und körperliches Entfernen löst die Ursache nicht und führt zu anderen krankhaften Prozessen, auch wenn es offensichtlich medizinisch geheilt wird.

Aber die Frage „Was hat das mit mir zu tun", also nach der Ursache in meiner Vergangenheit, wird nie gestellt.

Du verstärkst so immer die Krankheit anstatt das Gesunde in dir. Du kannst dich weiterhin jeglicher Lernerfahrung verweigern, aber du wirst dann immer wieder in ähnliche, meist intensivere Lebens- oder Krankheitssituationen geraten, obwohl du vermeintlich an dich glaubst oder redlich weist!

Wenn du aber den Mut aufbringst den Ursachen deiner alten Gefühle ins Gesicht zu schauen, werden diese keine Macht mehr über dich haben.

Durch Akzeptanz und Änderung deines (Mangel~) Innersten löst du die Ursache für deine Schwierigkeiten und du betrittst eine neue harmonischere Ebene deines Seins, die tatsächlich den Glauben und das Wunder erfahren kann.

Du bist niemals getrennt von dem, was du erfährst. Du selbst bist Beobachter und Beobachtetes. Das, was du für deine Wirklichkeit hältst, ist dein persönliches Märchen, dein selbst erschaffenes Wunder. Dein Glaube an dich ist die einzige Voraussetzung, derer es bedarf, um dein Leben zu meistern

Wenn Du dich veränderst, verändert sich deine Welt!
Ist das nicht das größte aller Wunder?

Wenn wir alles im göttlichen Plan unerfüllt sehen, sehen wir das alles aus unserer polaren Dimension.

Aber als „Gott" in deiner virtuellen Computerkulisse/spiel mit deiner „3D –Brille", spielst du ja auch mit deinen Levels die verschiedensten Möglichkeiten überblickend durch und niemand darf dich in deinem Spielfieber daran hindern, dein Spiel, so wie du es willst zu unterbrechen, ob du nun darin abstürzt, besiegt wirst oder siegst.

Du spielst es tausend Mal durch, bis es klappt und in listiger Weise kannst du auch noch bald aufgrund deiner gelernten Computererfahrung eine Niederlagenmöglichkeit im Spiel weg programmieren.

So bist du wie Gott der Herr all deiner Möglichkeiten, die auf der unbegrenzten Computerspieldisk, mit den gegensätzlichsten Möglichkeiten, existieren.

Ahnst du vielleicht so, wie das alte Gesetz so recht hat:

„Wie innen, so Außen, Wie oben, so unten" –
Alles spiegelt sich in Allem!

Du bist der Schöpfer deines Seins!

Die Menschen, die du siehst die Kulissen, die ganzen Installationen zu Erzeugung von diversen Bühnen, Effekte, den Theaterdonner, den Blitz, das Gewitter, den Brand, den Krieg und die Verbundenheit, die Liebe…etc.

Das sind alles Effekte von tragischen Informationen. Wie sonst können Menschen als polare Wesen erkennen, dass jemand hier „Leiden"-schaften aus dem Weg räumen will durch diese Emotionen Leid erzeugt wird, wenn dieses Leid nicht theatralisch eindrucksvoll zur Darstellung kommen kann mit den entsprechenden Utensilien!

Wie sonst kann einem Publikum die Botschaft nahegebracht werden, sie zu mindestens Anteil nehmend zu mitfühlenden Emotionen zu bewegen und zu unbegrenzteren Standpunkten?

Natürlich, wenn du im Kino sitzt und total fasziniert mit einem Film mit fieberst, freust du dich da nicht auch, aber dann wenn der Film zu Ende und das Licht wieder im Saal leuchtet, dann geht's du hinaus und sagst, es war ein schöner Film, bist mehr oder minder ergriffen – und genauso ist es mit dem Leben.

Solange es dunkel ist in deinem Bewusstsein, glaubst du in der Realität eines Lebensfilmes zu sein, glaubst du miterlebend an die Realität deiner holographischen Realität, weil du es erleben, fühlen und begreifen kannst erleben kannst!

An diese Realität bist du gewohnt und glaubst, dass sie die Wirklichkeit ist! weil du keine andere Wirklichkeit bis jetzt kennen gelernt hast oder wolltest – Du konntest/wolltest oft eine andere Realität, die du vielleicht ahntest nicht annehmen.

Die wahre Realität aber deines Seins – das andere sind Darstellungen, wie in virtuellen Realitäten, die du heute schon dreidimensional erfahrbar, durch die heutige Technik hautnah, erleben kannst.

Aber dann kannst du aus dieser immer geweckt werden um durch das Signal des Endes in deine „Wirklichkeit!" zurück zu kehren.

Wie geht es in deiner subjektiven Realität?

Musst du nicht da auch immer ziemlich heftig oder schmerzvoll geweckt werden, um dich daran zu erinnern, dass du deine wirkliche objektive Realität wieder annehmen solltest, die du durch eine virtuelle Brille verdeckt hattest?

Das ist die Macht der Liebe, von Stärke und Reichtum, alles Kriterien deiner wahren Realität, göttlich und unbegrenzt zu sein. Bist du nicht imstande die Realität des unbegrenzten Allumfassenden zu erkennen, zu akzeptieren, noch die Fülle der Macht deines Seins, die du nicht fühlst, in deinen Ängsten und

Befürchtungen, bleibst du im tiefen Tal, wo du den Überblick über deine unbegrenzten Möglichkeiten nicht hast!

Aber er/du alleine bist der Mittelpunkt deines Lebens, das Zentrum deiner Welt. In dir alleine ruht alle Schöpferkraft und von dir geht alles aus, das angeblich Gute und Böse, sprich Licht und Schatten.

Du, die Menschen sind die Regisseure der eigenen Theaterstücke. Sie schreiben ihr Drehbuch durch ihre Empfindungsvorstellung bewusst oder unbewusst täglich neu und bestimmen die Handlung. Jederzeit steht es dir und Ihnen frei, diese misslichen Hungers und Armutskatastrophen umzuschreiben, wenn sie mit ihrem Verlauf nicht zufrieden sind.

Genau das ist deine Aufgabe auf deiner Heldenreise zu deinem unbegrenzten Selbst, um ein erfülltes und glückliches Leben führen zu dürfen

Er erfüllt dir immer nur Wünsche! - Es kommt immer nur darauf an, was du dir in deinen Empfindungseinstellungen verbunden mit deinen fokussierten Empfindungseinstellungen herbeiwünschst und fütterst!

Was fütterst du in Dir?

Deinen Hochmut, sprich: „GOTTERFÜLLTEN HOHEN MUT" mit deinem Glauben an dich, Vertrauen, Zuversicht und Hoffnung? - oder die viel beschworene „Menschlichkeit", mit ihren Bedürftigkeiten, wie Angst und Verzweiflung und Dunkelheit?

Es ist immer deine Entscheidung, was Du wählst!

Du bist Sein Ebenbild! - Wieso sollte Er dich und damit sich verurteilen?

Er gibt dir das, was du in dir mit deinen Einstellungen fütterst!

Von jetzt an, „Sei stolz auf dich" und sieh dich und andere auch „Einzigartig" und zolle dir und anderen „RE"-spekt! *(„RE"= altägypt. Sonnengott)* - spekt (spicere = anschauen).

Selbstliebe kann man nicht lernen oder lehren, sondern nur erfahren!

Wenn doch die Erwachsenen es nicht geschafft haben, sich selbst zu lieben, wieso soll es das Kind oder du denn lernen können!

Belesen und studiert, wie konfessionelle Ritualbeamte sind, wissen viele sicherlich und lehren es auch:

"Liebe deinen Nächsten wie dich selbst"

Aber auf der anderen Seite erzählte man dir bzw. schon deinen Eltern schon von Kindesbeinen, sprich primär zuhause an, was du alles nicht richtig gemacht hast.

Da soll man der Schule erst einmal sekundär eine quasi Schuld bzw. ein „Nichterkennen" wollen oder können (z.B. wegen mehr, minder oder gewaltigen Überforderungen der Eltern) zuweisen, weil primär erst einmal das Elternhaus *(schon im Mutterleib!)* der prägende Faktor ist, der, die schwierig auszu-löschenden „CD-Rillen" einer eingebrannten mangelnden Wert-schätzung und Selbstliebe prägt, was sich in der Umwelt dann zeigt!
(z.B. „Unerwünscht, Fühle nicht, Wachse nicht und bleib Kind, Halts Maul, Dazu gehörst du nicht, Schuster bleib bei deinen Leisten etc.")

Man vergaß dich da mehr oder minder schon total dich zu schätzen, dich zu respektieren, und fühlte sich bemüßigt, dir immer wieder zu erklären, was du alles nicht richtig machst, sodass all diese Grundzweifel noch nach wie vor in dir aktiv sind und ihre sozusagen erschreckenden Auswirkungen als Resonanz aus der Umwelt haben!

Wie sollst du dich dann selbst lieben können?

Gehe einmal z B. davon aus, dass jemand, wenn er in die Welt, in die Schule, hinaus tritt, auf seiner Stirn einen mehr oder minder gravierenden Schriftzug trägt:

"Nicht gut genug und unerwünscht" und gehe nun mal von der Voraussetzung aus, dass dieser jetzt schon als Kind alles daran setzt, dir dieses "Unerwünscht" auszureden, durch Leistung auszugleichen, diese für Liebe zu verkaufen, damit du geliebt wirst, also mit ausschließlichem „Liebe deinen Nächsten":

„Ja!- Ich will ja, ja ich tu ja, ja ich bin ja" usw. - später vielleicht noch ergänzt durch das begrenzende positive Denken.

Warum ist dabei das positive Denken so begrenzt?

Das positive Denken und die Gedanken beziehen sich immer auf die vorstellbaren Möglichkeiten deines begrenzten Verstandes, der aber einen ganzheitlichen Überblick über die Situationen des Lebens oft schmerzlich vermissen lässt.

Natürlich meinen viele, wenn sie anstatt negativ dann positiv denken dass das dann entsprechende wirksame Mittel sei. Das ist aber bislang immer ein Irrtum gewesen, da dies viel zu oberflächlich ist.

Oft reicht dies auch nur als positive Motivation zur Alltags und Lebensbewältigung aus, erfasst aber nicht wirklich das wichtige Eigenthema um das es in Wirklichkeit geht.

Somit beschäftigst du dich beim „Positiv Denken" eigentlich dann immer nur mit dem oberflächlichen Mangel und verstärkt diesen so!

Nur genau diesen Standpunkt sollte besonders ein „Positivdenker" verlassen.

Die wahre Botschaft besteht aber darin, dass du dir jede Möglichkeit, jeden Weg erst geistig in dir erarbeiten musst, um über eine alte Situation hinaus zu wachsen, auch um Veränderungen zu initiieren. Hier meintest du aber immer die Dinge außerhalb hätten mit dir nichts zu tun und sie würden sich freundlich zu dir verhalten, wenn du nur positiv denkst.

Der Wille mit seinen Zielen allein nützt dabei nichts, wenn er keinen ganzheitlichen Sinn und Unterstützung aus deinen seelischen Kräften bekommt!

Der Wille des Menschen, als Rebe des Weinstocks, kommt dann wirklich zielgerichtet zum Einsatz, wenn eine innere Beziehung, Verständnis für das Thema seiner aktuellen Lebenssituation erkannt wird. Wille und Sinn arbeiten erst dann erfolgreich zusammen.

Der Wille mit seinen Zielen bekommt eigentlich nur wirklichen wirksamen Sinn, wenn Intuition, Gefühl und Verstand und Tun im Einklang miteinander arbeiten, ansonsten schießt der Mensch, mit seinen vorgestellten Zielen, ständig aufs „falsche Tor", seelische Wirklichkeiten mit ihren Lernthemen schmerzlich verkennend, wo Absturz - Erfolglosigkeit oder Krankheit vorprogrammiert werden.

Die wahren Persönlichkeitsveränderungen zur Gestaltung deines Lebens kommen primär nicht vom Willen, sondern durch eine Veränderung einer gefühlten Einstellungsqualität zu dir, zur richtigen Zeit, mit seinen festgelegten Anlagen und Möglichkeiten!

Also ist der menschliche Zielwille eigentlich immer ein Grenzgänger der seelischen Realität, die auch mit der Intuition, sprich der Sprache des „Weinstocks", durch den Menschen fließen möchte und der zu erkennenden Aufgabe diese Realität zum richtigen Zeitpunkt, am richtigen Ort im richtigen Maß zu gestalten!

Zielvorstellungen bleiben auch durch Vorstellungen, Antreibern mit beschränkenden Glaubensmustern, auch aus der Kindheit begrenzt, die wieder begrenzte Situationen erschaffen, und wenn die Tür zu seinen Zielen nicht für ihn bestimmt ist, braucht er sich keinen blutigen Schädel holen mit dem Glaubenssatz: „Das Leben ist schwer!"

Hierbei ist zu unterscheiden zwischen menschlichen Wünschen – Bedürfnissen und Motiven und seinen angelegten seelischen Themen und Anlagen!

Dabei ist es oft zu beachten, dass letztendlich nicht der vorgestellte Zielwunsch oder das Ziel sich manifestieren wird, sondern die Gefühlsqualität, die man erleben will bzw. gemäß den Absichten des „Göttlichen Weinstocks" erfahren soll.

So kann ein Mensch hoch emotional als Wunsch an dem Ziel arbeiten, Vorstandsvorsitzender zu werden, aber hinter seinem vorgestellten herbei gesehnten Wunsch steht eigentlich das emotionale Bedürfnis - bzw. das Motiv:

Ich möchte mehr Freiheit oder Selbständigkeit etc.

So steht eigentlich bei der Wunschverwirklichung immer ein Bedürfnis, eine emotionale Qualität hinter der Verwirklichung. Was sich dann verwirklichen wird ist so nicht der Vorstandsvorsitzende, sondern anders geartete passende Möglichkeiten, die dem wirklichen Bedürfnis und deinen Möglichkeiten und Anlagen entsprechen!

„Nix"- also, mit absolutem Wollen und Entscheiden oder „positivem Denken"!

Somit muss eine Zielverwirklichung keine Sache der Äußeren "Berufung" oder des Talentes bzw. Gabe mit einer Entscheidung, sein sondern ein Inneres Thema, wie Disziplin, Verantwortung, Standhaftigkeit, Durchhalten oder Selbständigkeit.

Vielleicht sollte man auch mal lernen, den Alltag einmal als Hereinforderung zu sehen, mit einer anderen lebendigeren erfüllen-deren Einstellungsqualität, wie: Gelassenheit, Kindlich sein, geschehen lassen, loslassen können, (nicht~) kämpfen, helfen, Konflikte austragen - etc. zu lernen.

Finde dich bei deinen Zielen vornehmlich also erst mal in dir, dann findest du alles was gemäß deinen Anlagen und Möglichkeiten dir im Außen offenstehen!

Beispiele aus der Praxis:

Da ist ein exzellenter Klavierspieler, der sich beschwert, trotz seines festgestellten Talentes nicht mehr Anklang mit seiner "authentischen Freude" und Berufung zu finden und in der Speditionsfirma seines Vaters als Lebensunterhalt Abteilungsleiter „spielen" zu müssen!

Leider musste sich dieser Mann auch mal anhören, dass es in diesem Leben gar nicht um dieses äußere Talent bzw. Gabe als Berufung geht, sondern um Disziplin, Strukturen schaffend, Organisieren!

Das waren seine Themen, die im Einklang mit dem „Weinstock" – „Gott" (germ. -dem Allumfassenden) - zu erfahren sind!

Hier galt es also als Sinn Freude und Akzeptanz hinein zu bringen und nicht der Künstlerlust als Gabe zu frönen wo Auftritte dann auch noch von einem "Manager" organisiert werden sollten!

Das „Klavierspielen" als Hobbygabe? - "Ja" - als Beruf? - Nein! - und wenn doch, dann galt es hier dies den seelischen „Zufälligkeiten" bzw. dem Weinstock zu überlassen!

Oder anders formuliert:

Man kann einen Beruf an den Nagel hängen, aber die „Berufung" nicht!

Fazit:

Der Mensch kann äußere Formen seines Weges wählen, aber aus seinen seelischen Themen kommt er nicht heraus!

Nicht nur der Weg ist also das Ziel, sondern auch die Einstellung und der göttliche Plan!

Gehen wir noch einmal auf das obengenannte Beispiel ein:

Eine Familie war mit vielen Kindern so überlastet, dass jemand zur Adoption als Baby weg gegeben wurde, weil gefühlt: „Unerwünscht".

Er stellt schon im Kindergarten fest, dass keiner mit dir etwas so richtig zu tun haben will. Meistens spielt er alleine!

Jetzt versucht er sich noch vielleicht zunehmend in den Kreis der Spielenden hinein zu drängen. Es gelingt aber zu Gänze nicht – Er ist lieb, wird noch lieber – Er wird dann zornig – mehr und mehr frustrierter oder depressiver!
Jedes Mal wird er einsamer und wird so zum Eigenbrötler, frustriert und zorniger, und das Spiel setzt sich in der Schule fort usw.

Menschen funktionieren auch nach Jahrzehnten nach Kindheitsmustern, da aber diese unbewusst, sprich verdrängt sind, ist eine Veränderung oft nicht möglich.

Er kann sich noch so anstrengen:

Am Ende steht immer das Ergebnis der Erfahrung am entscheidenden Punkt – auch im Berufsleben:

"NEIN!"- Ich bin nicht erwünscht!"

Die Umwelt reagiert am wesentlichen Punkt immer auf sein „Pappschild" auf der Stirn:

„Nicht erwünscht!"

und das setzt sich fort und fort bis ins Berufsleben etc.!

Das Wörtchen Herzbewusstsein, Energie der Liebe und Ausschluss von Verstandesbewusstsein wirkt da nicht die Bohne und auch die Karmaentschuldigung mit Schuld und Liebe deinen Nächsten und „positives Denken" hilft nix!

Da fehlen die Begriffe Eigenverantwortung und Selbsterkenntnis!

Die schmerzvolle Programmierung lautet eben:

„Ich bin verlassen" bzw. werde verlassen! *(Wie Innen, so Außen!)* und jetzt muss erst mal therapeutisch gearbeitet werden, d.h. das aufgeprägte „Schmerzprogramm" in ihm muss bewusst gemacht und ausgeglichen werden.

Dann erst kann auch das Urvertrauen wirklich sagen:

"Es ist gut" – bzw. „Ich fühle mehr und mehr, dass ich liebenswürdig bin - ansonsten es nur eine leere Formel über den Verstand bleibt. Da nutzt „Positives Denken" nichts mit:

"Ich bin es wert, das es mir gut geht!"

Nun blicke tiefer, blickt hinein in den seelischen Bereich deines Inneren, in dein „Unbewusstes" und finde dort in deinen Kindheitsmustern *(von „Autoritäten" übertragen)* die Lösung:

Deine Macht über dein Leben bekommst du nur, wenn du dir wirklich bewusst wirst, was dich daran hindert und welches Thema dir deine Macht gibt. Ansonsten bleibt der Spruch im theoretischen Ungefühlten und Nichterkannten „hängen"!

Was bedeutet es nun zur Eigenmacht zu kommen und das Innere zum äußeren harmonischen Spiegelbild zu machen?

Wie komme ich aber wieder in Resonanz mit grundsätzlichen erfüllenden Erlebnismöglichkeiten, die ja eigentlich aus meinem göttlichen Sein, wie es immer heißt, da sind, aber von mir trotz innerer und äußerer Entfaltungsmöglichkeit nicht wahrgenommen haben werden können.

Wie komme ich nun als reiner aufgeräumter Mensch über die Grenzen des Vorstellbaren um wieder einen Fluss in meinem Leben zu erzeugen?

Antwort:

"Wer im Inneren, wie die Rebe „Hopi", anklopft, dem wird aufgetan!"

Nimm mal ein altes Segelschiff mit einem Hohen Mast. Du segelst im Nichts, siehst nur Wellen du bist verzweifelt, weist nicht was du tun sollst bzw. wohin du dein Steuer lenken sollst. Kein mitgenommene Motivations- und Glücksclown auf dem Schiff konnte helfen!

Plötzlich ruft von oben jemand: „Land in Sicht!" - d.h. du brauchst einen sehr hohen Standpunkt der Betrachtungsweise der Dinge, eine neue Perspektive, um überhaupt etwas tun zu können!

Solange du dich nun sehr fest am Boden deiner Realität bzw. Perspektive befindest, findest du keine! d.h. dein Wille kann nicht mehr geschehen da unten, da dein Bewusstsein beschränkt ist, schon gar nicht, wenn du bittest:

„Großer Geist löse meine Fesseln und lasse mein Gefängnis so wie es ist!"

Er kommt nicht zu dir, wenn du weinst, unterwürfig um Gnade winselst. Er kommt nicht zu dir, wenn du bettelst, oder bittest. Aber wenn du Ihn, als deine Quelle einlädst, dieser dienst, kommt er!

Du brauchst also andere Realitäten von „dort oben", was natürlich für das Innere steht.

Jetzt kannst du dir neue Perspektiven schenken zu lassen, d.h.

„Nicht mehr Mein Wille geschehe, sondern dein Wille!"

und jetzt der nächste Schritt:

Begib dich hoch hinauf in das Unvorstellbare in die Nähe des Großen Geistes – des Weinstocks - in dir - Wie?

Formuliere es so- so oft es geht in der Stille und über deinen bewussten Atem – und tu es immer wieder:

Ich kann mich zwar nicht begreifen - aber:

„Ich bin stolz auf mich!" (Weil ich es bis hierhin geschafft habe!)

„Ich bin erwünscht und liebens –"Würdig"
und erwünscht
Ich bin es wert, vom Leben beschenkt zu werden!

„Gott ist immer in mir! – Deswegen bin ich im Grunde immer Gottvoll" bzw. die Klarheit meines Seins"!

Wenn du das zunehmend fühlst und spürst und nicht begreifen willst, dein Focus es einatmend darauf lenkst, dann kannst du mit dem unbegreiflich "Erfüllenden" gefüllt werden!

Er ist das „Ich bin' alles was ist" - „Dein Wille geschehe! - Ich bin dein Diener und gebe dir alles, was du brauchst aus der Kraft deiner Überzeugung und Glaubens!"

Begreifst du jetzt Seine Worte:

Selig sind die Armen im Geiste, denn ihrer ist das Himmelreich?

Aus seiner Quelle, aus dem Weinstock, lässt du dich so erfüllen und dich tragen. Von dort oben, bzw. aus deinem Inneren erkennst du auch den wundervollen Rahmen, den Er für dein Leben erschuf!

Du wirst dann eben zum Licht deines Lebens!

Das ist die Gestaltung deiner Realität aus dem Bewusstsein! Erst in dieser neuen Realität kannst du wieder mit neuen Möglichkeiten ins Tun kommen!

**Die größten „magischen Worte",
die dein Leben dafür harmonisch verändern!**

Dies sind die „Drei Worte", die deine Welt verändern:

„Ich bin stolz auf mich!"

„Ich bin erwünscht" und es wert „beschenkt" zu werden"

„Gott ist immer in mir – deswegen bin ich liebens-"würdig"

„Ich bin" seine unbegrenzte Kraft, mein unbegrenzter Glaube, durch mein Vertrauen und die Liebe zu mir!

Coole Engelsworte

Der „Weinstockengel" beschließt nun dieses Buch:

„Denke einmal an das Bild der Raupe, die zum Schmetterling wird, oder Phönix aus der Asche!

Beim Phönix geht es um das Sinnbild um die Befreiung, der Transformation deines Bewusstseins, in der Entfaltung aus dem beengten alten Egos, in das Hineinkommen in dein wahres Selbst, das über deine Unsicherheit weit hinaus gehen soll.

Du sollst nun in diesem deinem Leben eine neue Form finden, nicht mehr eine Form, gebunden in der Bedürftigkeit der Materie, sondern eine Form aus dir heraus, eine Form aus der Geistigkeit, deiner Spiritualität, eine Form dessen, was du in Wirklichkeit in deiner höchsten Version, als sein „Seelenbild" bist.

Es ist zunehmendes weiteres Empfinden der Unbegrenztheit, das nicht starr ist, sondern offen, und das ist die Schwierigkeit für dich. Das ist der nächste Schritt deiner Entwicklung, da sich im Äußeren in Zukunft keine feste äußere Form mehr darstellen wird, an der du dich langfristig orientieren kannst, sondern nur am empfundenen Vertrauen und Glauben an das Allumfassende in Dir.

Denn nur wenn du frei bist, dich frei fühlst, das heißt grundsätzlich offen für alles, für jede Möglichkeit deines Lebens bist, sozusagen aus dir heraus bedingungslos, dich hingeben kannst, nur dann kannst du geführt werden, von der Kraft des Weinstocks, innewohnend in deiner Seele.

Diese Bedingungslosigkeit und Hingabe ist nun nicht zu verwechseln, mit einer Schwäche, mit der du meinst, dich mit Resignation unterordnen zu müssen.

Hingabe an das Leben hat nichts, mit "Weich-Ei" sein, zu tun!

Tiefste Hingabe heißt vielmehr erst mal, sich über das ernsthafte Erforschen seines Inneren, mehr und mehr so zu werden, wie Gott, der Weinstock dich „gedacht" hat!

Dazu gilt es, du einiges loswerden, was da, als Raupenkokon, das Werden des Schmetterlings behindert! - damit du dich überhaupt hingeben kannst.

Es bedeutet sich das begreiflich zu machen, was da über dich noch unbewusst an Einzigartigkeit in dir schlummert, um mehr zu mehr die höchste Version zu werden, die du bist, wie der „Große Geist" – der Weinstock, dich gedacht hat!

Primär ist der Sinn von Hingabe:

Was gefühlt und gedacht wird, darf akzeptiert da sein!

Unter Hingabe an das Leben sei verstanden, dass man sich in einem neutralen psychischen Zentrum immer mehr als Beobachter sehen, verweilen und von dort aus alles, was sich in dir an Gefühlen und Gedanken mit ihren Zweifeln, Befürchtungen und Bedürftigkeiten abspielt, beobachten zu können, ohne mit ihnen zu verschmelzen und nicht mehr Herr darüber zu sein.

Das beinhaltet dein ganzes Repertoire von Stimmungen, Gefühlen und Gedanken, deine Emotionen, ohne mit ihnen zu verschmelzen bzw. beherrschen zu lassen!

Hingabe bedeutet in diesem Zusammenhang natürlich auch, dass das eigene Gefühlsleben und Gedanken nicht zensiert, sondern an zu erkennen sind.

Alles darf da sein, ist berechtigt - Keine Verdrängung oder Zensierung!

Dies wirkt nämlich auch krank machend oder erzeugt negativ empfundene Situationen im Außen, wenn`s ins Dunkle deines „Nicht-Erkennen" könnens „rutscht", wo du es meistens nicht suchst!

Tiefste Hingabe erfordert also die Position eines Schauspielers, der seine Rolle bewusst, im gewählten authentischen Ausdruck aus seinem göttlichen Inneren dann spielen kann!

Dazu gehört je nachdem nicht nur "Weichheit", sondern auch mal -"Zorn - Zischen und mal Beißen" - Abgrenzen etc.

Das bedeutet wieder, von dieser Position aus, die Fähigkeit zur Verantwortung zu entwickeln, welche Stimmungen und Gedanken man nun für sein Tun als Antreiber übernimmt und sie mehr und mehr reflektieren kann, was zur wirklichen Authentizität und Einzigartigkeit seines Lebens und ins Lebensnetz gehört!

Es geht darum, ein neues Sein aus dir heraus fühlen und erkennen zu lernen.

Es soll dir helfen deine sich dann entfaltenden Qualitäten auch tatsächlich zu erkennen, dir wahrnehmbar bewusst werden zu lassen, denn tief unten im Tal deines strohhalmartigen beengten Bewusstseins kannst du die Weite deines Lebensraumes dort oben nie erkennen. Es sind Fähigkeiten, die du dann früher an dir nicht feststellen konntest, wenn sie jetzt beginnen zur Entfaltung zu kommen und darum geht es.

Lass dir nun aus deinem Inneren das Bild deines eigenen Engels geben, das vor dir nun auftauchen wird!

Im Vorgang deines weiten und behutsamen Einatmens, atme diese Kraft nun hinein in deine Schultern, in deine Schwingen und aus den Schultern lasse diese Kraft nun Ausströmen in deine Arme und visualisiere, dass diese Arme, gleich einem Phönix bzw. gleich deinem Engel, Flügel sind.

Atme diese Kraft in deine Flügel hinein. Fühle die Kraft und die Stärke, die gleichzeitig in dein Herz und in deinen Brustkorb strömt und von dort aus ausstrahlend wieder in deine Flügel, die sich immer stärker sicherer anfühlen.

All die bis jetzt vielleicht gehabten Zweifel und Unsicherheiten deines Denkens verschwinden, schrumpfen in sich zusammen, im gleichen Augenblick deines aus dir Herauswachsens, des dich Entfaltens hinein in deine wahre Größe.

Sieh und fühle dieses Emporwachsen und größer werden, deines Bewusstseins dessen, was du in Wirklichkeit bist.

Atme es ganz behutsam und erkenne dass es nur ein Kriterium deines Still geworden seins ist, das dich mit dem Engel in dir und damit mit dem Großen Geist - dem Weinstock - in Berührung bringt, dass du dem Licht in dir, deinem wahren Wesen, begegnen kannst.

Erkenne dabei, dass du nur in der Stille in dir in deine Ordnung kommst, und auch dass in all deinen Situationen, wie auch in der Materie, eine neue Ordnung nur dann entsteht, wenn Teilchen bzw. deine Emotionen abgekühlt werden und somit auch neue stabilere Eigenschaften und harmonischere Situationen in dir und damit im Außen entstehen.

Dieses Abkühlen, dieses in dir Stille gehen, in die Ruhe, dabei deine Gedanken, Befürchtungen, Ängste, die ja auch aufwühlende Emotionen, wie gleichsam eine große Hitze beinhalten, abzukühlen, bringt eine neue Ordnung, neue Harmonie in dein Leben.

Erkenne, in diesem Zusammenhang, dass du schon öfters diese Aufforderung gehört hast, in diesem „to be cool" und dass dieses "to be cool" wirklich eine ganz außergewöhnliche Bedeutung hat.

Also lerne gerade in Situationen deines Lebens die dich norma-
lerweise nahe an den Siedepunkt bringen, dich so abzukühlen,
in die Ruhe zu gehen, so dass du es schaffst, neue Eigenschaften, der sich dir in deinen äußeren sich zeigenden Situationen gegenüber darzustellen.

Das heißt im Grunde nichts anderes, als dass du eingeladen
bist, durch dieses „Ruhig geworden sein" in dir, eine neue
Kapazität der Problembewältigung mit Durchblick zu bekommen, Du kannst mehr über den Dingen stehen und mit äußeren
schwierigen Situationen besser umgehen.

Aber es ist da immer deine Entscheidung welchen Weg du
gehen willst! - Vielleicht solltest du da doch mal öfters inne-
halten und zweifeln, ob dein Gesicht und Auge mit dem Meinen
übereinstimmen, besonders, wenn der Weg sehr steinig und
bergig ist. Gerade die Zweifel zum Beispiel und deine Befürchtungen relativieren gerade dieses, wenn du darin auch mal
Stille bzw. inne auf deinem Weg hältst. Darum ist ein Stillstand
im Zweifel auch eine große Blüte des Lebens – Denn eine
Knospe vereint noch beides!

Siehe aber darauf, was du damit machst oder erfährst, was du
lebst. Sieh dich im Zweifel als ein Wachsender, aber nicht als
Gelähmter, der in der „Schwere" sich selbst kreuzigt.

Spiele lässig mit den Zweifeln und erkenne hier dabei immer
wieder den Faktor der Spiegelung!

Das „erhitzt" sein in dir bedingt durch ein gedanklich, in deinen
oft emotionalen destruktiven Einstellung verharren, stellt sich im
Außen entsprechend dar.

Erlebst du nämlich im Äußeren Aktionen der Verweigerung, bist
du eingeladen in dir nach zu forschen, die Verweigerung also
an dein Herz (an~) nehmend, wo du möglicherweise dich vorher, von der allumfassenden Göttlichkeit und Liebe, dem eigen-
en inneren Licht gegenüber verweigert hast.

Darum ist es so wichtig zu erkennen, dass du daran immer wieder arbeitest, dich dessen erinnerst, dich hinein fühlst in das Kriterium deines Seins, um aus diesem Lichte heraus, das was sich dir im Äußeren darstellt, dich besser und deutlicher erkennen zu lernen.

Du wirst erkennen, dass die Dinge und Situationen, die du annimmst, im „To be cool", dich nicht überwältigen, sondern du immer noch zu ihnen Stellung nehmen kannst.

Genauso löse ich als Engel, als Angelos, als „Bote", des Weinstocks, für dich, in dir existierende blockierende Probleme, Leid und Schmerz.

Ich kämpfe nicht gegen sie, mit flammendem Schwert, sondern, ich nehme diese an mein Herz, in mein Innerstes und betrachte sie dort in Liebe, sprich Akzeptanz, durchdringe diese und schenke dem Menschen Durchblick mit Erkenntnis und dem damit verbundenen Gefühl der Lösung und in der Flamme dieser Liebe löst sich alles auf, was dunkel war.

Erkenne in dir:

„Sein Auge ist zu licht, um Dunkelheit wahrnehmen zu können."
Sei so wie „Er" – der „Große Weinstock":

Allumfassend in deiner Liebe zum Leben und dir!

Fühle es:

"Du brauchst dir seine Liebe nicht verdienen und kannst
sie auch gar nicht verdienen
sie aber dennoch erhältst,
wenn du dich mehr und mehr liebst!"

„Sehnsüchtig grüßt der „Ich bin", den, der ich sein könnte!
(Dostojewski)

Der Schöpfungscode

Sieh nun den Kern des vorher Gesagten für dich, der dich zu einer erfüllenderen Einstellung, zu deiner Mitte führen soll, die du doch letztendlich brauchst, um deine immer intensiver werdenden Lebenssituationen erfolgreich bewältigen zu können. Es geht darum, fähig zu werden, sein, um tief in dir zu spüren:

„ICH BIN"

Wenn du dies anerkennst, dass dieses „ICH BIN" die Grundlage deiner Wunscherfüllung, quasi der Schöpfungscode deines „Seins" ist, dann formt sich durch diese wahre intensive Einstellung zu deinen Wünschen und Ideen die äußere Realität. Dadurch kannst du dich auch als ein göttliches Wesen empfinden, das vorwiegend außerhalb der begrenzten materiellen Eingebundenheit „in Zeit und Raum" existiert.

Um dorthin zu kommen, bist du aufgefordert, dich damit zu beschäftigen, wie wertig du dich selbst empfinden kannst.

Wie wertig empfindest du dich selbst, materiell betrachtet?

Oder gelingt es dir mehr und mehr, dich als ein Teil eines großen Ganzen zu empfinden, so wie der berühmte Wassertropfen im Meer bzw. Ozean, indem du auch mehr in dir siehst - ein interessanter phonetischer Zusammen-hang, das Mehr in dir zu sehen mit „e & h" bedeutet doch das Meer in dir zu sehen, mit „e & e".

Siehe die Unbegrenztheit des Ozeans bzw. des Weinstocks in dir. Bisher sahst du dich immer begrenzt. Aber jetzt bist du aufgefordert, dein wahres Sein über diese, dir persönlich gesetzten Grenzen, zu überschreiten.

Du kannst zu diesem „Mehr" in diesem Leben nur dann kommen, und sieh auch hier wieder die Übereinstimmung mit dem „Meer", dem Ursprung des Lebens, wenn du zu dem Ursprung wieder zurück gehst, so wie du in das Licht bzw. in die Kraft des Weinstocks zurückgehst, aus dem das geistig spirituelle und körperliche Leben entstanden ist.

Der Wassertropfen als solcher betrachtet, vermag so gut wie gar nichts. Er ist mehr der viel gerühmte oder sollte man besser sagen „Tropfen auf dem heißen Stein", also ohne ersichtliche Wirkung.

Aber der Ozean auf dem heißen Stein vermag sehr wohl eine Wirkung zu erzielen. Es bedarf nicht einmal des ganzen Ozeans. Es bedarf nur einiger Schritte vom Wassertropfen, in Richtung des Ozeans. Das ist es, was von dir gefordert wird durch die Unerquicklichkeit einzelner Situationen deines Lebens, nämlich einzelne Schritte zu tun, in Richtung Ozean, hochgeschätzter und überaus geliebter Wassertropfen oder geliebte „Rebe", wie du es auch nennen willst.

Was heißt das nun?

Du sollst lernen, dich wieder inniger mit der Göttlichkeit verbunden zu fühlen. Du darfst in Demut bescheiden bleiben. Aber erkenne die Wahrheit und leugne sie nicht länger. Die Wahrheit ist nun einmal deine Göttlichkeit.

Dies ist nichts Außergewöhnliches, sondern absolut normal. Dies wollte dir schon die „Christuskraft", die Kraft deines Lichtes, dein „Weinstock" verdeutlichen.

Vergegenwärtige es in dir immer wieder in der Stille deines bewussten Atmens, um es in dir zu empfinden. Wenn du diese Aufmerksamkeit dahin lenkst, wird es dir tatsächlich bewusst, dass es so ist.

Lenke deine Aufmerksamkeit sehr bedeutungsvoll auf diesen, die Veränderung bringenden Punkt und beginne diese Wahrheit mit einem anderen Standpunkt zu vertreten.

Siehst du dich nach wie vor isoliert und getrennt, sprich menschlich materiell getrennt, von dem Vertrauen zum „All-Einen" getrennt, der Vergänglichkeit, der Schwäche und dem nicht „Genügen" unterworfen?

Glaubst du noch daran oder gelingt es dir nun, Schritt für Schritt, der Wahrheit deines Seins und einer natürlichen Demut näher zu kommen, was heißt, dem Weinstock zu dienen. (Demut = De = Deus= Gott + Mut!)

„Liebe deinen Nächsten wie dich selbst!

Aus diesem „..... wie dich selbst" erkennst du, dass es nicht deine Aufgabe auf Erden ist dich zu beschränken, sozusagen in einer missverstandenen Demut kleiner zu machen, als du dich gelegentlich sowieso empfindest.

Es geht vielmehr darum, dass du der Wahrheit Rechnung tragend, beginnst, dazu zu stehen, weitaus kompetenter zu sein, fähiger zu sein, Dinge nach deinen Begabungen in deinem Leben zu bewirken und zur Entfaltung zu bringen, Dinge durchzuziehen, zu gestalten und zu vollenden.

Du hast die Kraft unter der Voraussetzung, dass du dich nicht beschränkst in deinen Gedanken, mit deiner Vorstellungen. So sei grundsätzlich bereit, dich der Göttlichkeit hinzugeben, so wie ein Mystiker Jesus trefflich formulierte:

„Nicht ich, sondern der Vater durch mich tut diese Werke."

So ist es auch deine Aufgabe zu akzeptieren, dass nicht du etwas bewirken kannst, sondern nur meine Kraft in dir bzw. noch klarer und unmissverständlicher formuliert:

„Meine Kraft des Seins,

die durch dich hindurch strömt."

Denn die Kraft in dir, so könntest du nun glauben, ist die Kraft deiner Körperlichkeit, deine ganz persönliche mentale Kraft deines Denkens, dein Wille. Dies ist missverständlich. Denn auch der Wille ist begrenzt, da er von deiner, vom Verstand und der von der vergangenen Erfahrung dominierten Vorstellungskraft abhängt von dem was du sozusagen dir wünschen und wollen kannst.

Im anderen Falle deiner inneren Erkenntnis, dass du eigentlich ein lichtes- und spirituelles Sein bist, ein Hauch von Göttlichkeit, eigentlich in der Welt der Formen nicht existierend, schon körperlich als Erscheinungsform, wirst du leicht deine Erfahrungen erleben, dass die Energie, die hinter dir steht, eben nicht von dieser Welt ist.

Das ist eben ein ganz wichtiger Punkt auf den uns die „Christuskraft" (Weinstock bzw. Licht, Selbst etc.) schon aufmerksam machte:

„Mein Reich ist nicht von dieser Welt."

Wenn du es nun lernen kannst, die Dinge die du tust, nicht als von dir tuend zu empfinden, sondern als von der Kraft getan, die durch dich hindurch strömt, so geschieht folgendes:

- Du tust dir viel leichter
- Es ermüdet dich nicht so schnell oder so gut wie nie
- Das Erfolgserlebnis ist ein viel größeres

weil du darauf vertrauen kannst, das Richtige getan zu haben.

Warum das „Richtige" getan zu haben?

Weil du ja deinen auf Absicherung, auf Profilierung und Strukturierung orientierten Eigenwillen aus diesem Tun herausgenommen hast und nicht der Fehlerquelle unterworfen bist, etwas gewollt zu haben, was möglicherweise nur für dich im Sinne einer enttäuschenden Erfahrung wichtig gewesen ist.

Du vermeidest Irrwege, überflüssige Wünsche, die dich von diesem geraden Weg nur abgelenkt hätten. Sicher, sie gehören dazu. Sicher, sie sind nicht falsch, eine Möglichkeit. Aber es ist eben nicht der gerade Weg. Aber wenn du schon die Gelegenheit hast, den geraden, direkten Weg zu gehen, warum gehst du ihn dann nicht?

Je mehr es dir gelingt, dieses nur körperlich orientierte Bewusstsein zu transformieren in ein lichtes unbegrenztes Bewusstsein, desto harmonischer wirst du dich ebenfalls empfinden.

Es geht um dieses Vertrauen, dass Gott dich liebt, dass eben dieser dein wahrer Partner ist. Es geht um diese Partnerschaft, dieses damit verbundene Vertrauen und sich absolut verlassen können, dass sich nur dadurch die Probleme deines Lebens in relativ angenehme Situationen zu verwandeln beginnen.

Was warst du doch ein Narr anzunehmen, du könntest, mit deiner begrenzten Erfahrung und Vorstellungskraft, dein Leben auf weite Sicht nach deinem Willen, zu deinem Besten planen und strukturieren und nur nach deinem Kopf zu zwingen.

„ER" - kennst du jetzt das Mysterium der Tür!

Noch nicht?

Denke nochmal darüber nach, wie die Rebe „Hope"!

Keiner hat dir und schon gar nicht der „Große Geist" in dir, haben jemals dir Sonne des Lebens weggenommen, oder dich im Stich gelassen!

Vielmehr hat er dir, im Sinne einer liebevollen Aufforderung, die Möglichkeit geboten, wie beim Zweig Hopi, sie selbst in dir zu finden!

Wenn du sie findest geht plötzlich eine Türe zu deinem Licht und damit zu deiner Heilung auf.

Als dein „Weinstocklicht" tritt es dann auf dich zu und du könntest fragen:

Wer bist du? - Ich spreche dann zu Dir – Ja zu Dir:

"Wer ist hier "DU" - Du bist aus dir heraus gegangen, weil du dich selbst nicht in Dir gefunden hast.

Ich aber bin in dich hinein gekommen - weil ich mich draußen nicht erkannt habe!"

Du sagst dann vielleicht etwas verwirrt:

„Wie bist du herein gekommen?"

Dein Licht sagt:

„Ich bin durch dich hindurch gekommen!

Das heißt, dass ich durch die Tür gekommen bin!"

„Wenn du aber durch die Tür gekommen bist, wie kannst du dann durch mich selber kommen?",

schreist du vielleicht verwirrt!

„Indem du die Tür selber bist!

Die Frage aller Fragen gilt der Tür!" - sagt das Licht.

Die Tür zu einer Erfüllung geht nach innen auf!

Das ist das Geheimnis aller Geheimnisse und es schaut dich dann sanft an:

„Das Licht selbst findet aus dem Menschen die Tür, durch die der Mensch ins Licht einkehrt und ich, als Gott in dir würde jetzt sagen:

Ich bin das Auge, doch der Blick bist du!
„Ich bin das Licht – Der Weltengeist!
Der Große Weinstock in dir!"

---

und wenn du tief in deinem Inneren glaubst:

„Ich bin mein Sein – Ich nehme mich an"

sind wir „Eins"!

Du bist ein Zeichen, ein Symbol - eine Idee Gottes!

Du bist das Bildwerk des Großen Geistes, in das er sich kleidet.

Du bist die Gottesgebärerin in der Körperlichkeit!

Du bist die unbefleckte Empfängnis, die ihm schillernde Erfahrungen, in „befleckendem" Farbenspiel beschert.

Gelobt seiest du Seele (*germ. saiwalos = buntschillernd!*), dem Träger des Neuen. Jedes Kind ist in der Seele eine Erneuerung Gottes auf Erden, die Menschen als „Götter" - als seine Ebenbilder in verschiedensten Formen gebärt!

So ist Gott durch Dich, als Ebenbild, ein Gott in Erfahrung. Er ist Schöpfer und das Geschaffene und aufgespannt in das lebendige Weinstockmandala des Lebens.

Die wirkende Kraft des Geistes tritt so aus dem Unsichtbaren hervor und wird im Bild des Symbols, seiner Form sichtbar. Es ist ein „mystischer" Prozess, in dem sich Geistiges (Inhalt) und Sinnliches in der Erde (Form) zu einem geistigen und körperlich erfahrbaren Bild vereinen und seine Kraft spricht:

„Mensch, als mein Traum! – Ich, in dir, bin in die Materie gegangen um zu wirken. Du bist das Band, zwischen „Unten und OBEN" – "Sohn (Das Zeugende) des Himmels und Tochter (Empfangendes) der Erde!"
Du bist der Träger des göttlichen Funkens in dir, der die grobe Materie mit Formen erfüllt und dich darin erfahren sollst. Was nutzt das Wollen, wenn es sich nicht erfüllt in der Tat. Was nutzt das Wissen und Erkenntnis über Mich, das sich nicht ausdrückt im erfüllten Sinn und auf dem Weg gemachter Erfahrung und eigener verdauter Weisheit.
Darum sollst du hier leben und gestalten, im immerwährenden Umsetzen von Erkenntnis in die Form und Tat. Denn was ist, entsteht durch die Tat.

Siehe, jede Erkenntnis ist nutzlos, solange sie nicht in der Materie „Er" -scheint.

Lerne, das Göttliche – „Mich"! - den Weinstock, auf dieser Ebene zu finden und zu verkörpern und in der Spiegelung zu erkennen: „Ich bin Innen, wie Außen!" – In der Erde bin ich der „ICH BIN", in dir und das, was du erschaffst, in der Form!"

**„DAS AUGE mit dem ich GOTT sehe ,
ist das AUGE mit dem GOTT mich sieht**.
(M. Eckehard - Mystiker - 12. Jahrhundert)

Ewig lebt das Leben!

Auch du bist und lebst ewig.

Der Leib ist bloße Materie, sondern sein verdichteter Geist als „Weinstock"

Alles ist sein Muster, sein Kleid, umhüllt sein Bildwerk.

Dein Leib ist sein Plan, seine Schrift, die aufersteht durch IHN,
um seine Bilderschrift für Ihn zu erleben!

Der Leib ist Hülle und Rahmen des Plans und sein sinnliches Organ.

Der Leib ist auch ER selbst, sein konturierter Geist!- Sein Geist hat sich „eingeboren" in Dich!

Die Hülle macht den Plan zum Samen. Sie kann aber nie aus sich heraus keimen.
Der Same bist du durch Ihn. Er ist DER, der sich auch durch den Menschen als „Rebe" erwählt.

Durch die Schöpfung erschafft er ewig seinen Plan, den „wunder"-vollen Rahmen- in den er sich ergießt!

Die Körperlichkeit im Weinstock und den Reben ist seine „Erfahrungswerkstatt",
durch die „Er" sich „Er"- fährt!

Doch ohne den Menschen wird „Nichts" - auch keine Frucht!

"Ich bin, der Ich bin."
"Ich bin der, der ich für Euch da sein werde.".

Großes Licht

„Großer Geist" – „Großes Licht",

Allmächtiger Schöpfer allen Seins,

Das was in mir ist,

Der Urgrund von allem, Das „All-Eine",

Der Atem der hinter allem Leben steht,

Der Geist, du „Quelle allen Seins",

Erhöre mich – Erfühle mich– Erfahre mich!

Großer Geist– Großes Licht– Aus Dir bin ich gekommen.

Aus deinem Sein bin ich gekommen– Ich bin dein Sein.

Geheimnis in meinem Atem, der Brücke zu Dir– Ich atme

Dich.

Ich verbinde mich mir Dir über diese Brücke mit deiner

Liebe, zu empfangen deinen Segen für alle Zeit.

Sei meine Kraft und Stärke durch die Brücke meines Atems

zu Dir.

Ich atme dich in der Stille meines Seins mit meiner

Offenheit und Hingabe zu dir.

Gott und nur Gott, Verbundenheit und nur Licht sei in mir!

Bücherauswahl des Autors

„Sterntaler Magie"

Es handelt sich um die modernisierte Legende von König Midas, in der ein habgieriger Manager über ein spirituelles Sterntalerritual Heilung und wirklichen Seelenfrieden findet. Es will Menschen ein wenig Licht sein, für einen erfüllenden Weg und gerade Sinnfragen des Lebens verdeutlichen.

„ Aschenputtels Weg zum Regenbogen"

. In seinen lehrreichen psychologisch-mystischen Ausführungen ist es ein Buch, das zeigt, wie wichtig es ist, sich mit seinen meist unbewussten Glaubensätzen zusammenzusetzen, die einen Lebenserfolg prägen gemäß dem Spiegelgesetz: „Wie innen, so außen". Es ist dabei von eminenter Bedeutung zu erkennen, dass es für deine Seele nicht darauf ankommt, was du tust, sondern mit welcher Einstellung zu dir es geschieht. Außerdem wird das Geheimnis des „Kornsortierens" gelüftet.

„Dornröschens Auferstehung!" – Das Geheimnis des „hundertjährigen Schlafs"
Achtung: Neue Auflage ISBN-13: 9783752860634

In diesem Buch wird der berühmte Mythos von „Dornröschen" in ganzem Umfang zum mystischen Erleben erweckt, indem erstmals die möglichen Vorgänge im „hundertjährigen Schlaf" in erzählender berührender Weise geschildert werden. Es geht dabei auch um einen eigenen Wachstumsprozess, der dienlichen seelischen Kräften Raum dazu geben soll. Das Büchlein hat die Absicht über Konfessionen hinweg, in einer erzählenden mystischen Art über Dornröschens Selbsterkenntnis, Religio und Mystik als innere Erfahrungen aus der Seele miteinander zu verbinden. In seinen lehrreichen mystischen Ausführungen ist es ein Buch, das zeigt, wie wichtig es ist, sich mit seinen inneren Kräften zusammenzusetzen und zu diese zu würdigen.

„Die Münchhausen Power"

Münchhausen! - ein Lügner, abqualifiziert noch in einem unzutreffenden „Münchhausensyndrom" oder Weiser?
Es geht darum, erstmalig seiner Lebensphilosophie auf die Spur zu kommen, die in seinen verrückten Abenteuern gleichnishaft durchscheint, originär interpretiert und erläutert. In diesem Buch werden lustig-ernst und mystisch - philosophisch seine provokativen Antithesen auch zu herkömmlichen Konfessionen erörtert! Noch nie hat sich jemand darüber geäußert und tiefgründig ge-„Wunder"-t!

Dornbusch in Flammen! - Die heilende Macht von Seelenbildern!

Fast jeder Mensch kennt die Geschichte von Moses, der dem flammenden Dornbusch, als Symbol für den göttlichen Funken in uns, in der Wüste begegnet und auf den eigenen inneren Reichtum hinweist! In seinen modernen Ausführungen über die seelischen Hintergründe wird deutlich, wie wichtig Innere Bilder mit ihren schöpferischen und kraftvollen Kräften sind! Dies möchte das Buch verdeutlichen und besonders auf die erfüllende Gestaltung des eigenen Lebens aus dem Bewusstsein eingehen! Das Licht aus unserer Seele hat nie aufgehört mit dem Menschen zu reden!

Weitere Bücher des Autors auf www.bod.de - Buchshop!

Axel Englert geboren 1956 in Aschaffenburg

Studium von Pädagogik mit Schwerpunkt „Erwachsenenbildung und „Pädagogische Psychologie" und nachfolgender Managementtätigkeit in Industrie und Bildungs-wesen. Seit 1993 - Selbständige Tätigkeit als Trainer für Supervision, Sinn- und Konfliktmanagement, Ziel- und Teamfindungsseminare, sowie Persönlichkeitstrainings und Buchautor. (Vgl. www.mental-x.de) auf der Basis der „Archetypischen" Psychologie von C.G. Jung.

In seiner „Ganzheitlichen Psychologischen Praxis" begleitet der Autor neben Firmenberatungen seit mehr als 25 Jahren Menschen in Lebens- und Beziehungskrisen, in privater- und beruflicher Neuorientierung und ihrer eigenen Persönlichkeitsentwicklung.

Unterstützt wird diese Praxis, als Heilpraktiker für Psychotherapie, durch selbst entwickelte systemischen Aufstellungsberatungen, sowie die effektive Arbeit mit modernen Imaginationsverfahren und ergänzenden eigenentwickelten „Wertimaginationstherapien".

Mit seinen Büchern möchte der Autor auf die heilende und lebens- verändernde Kraft von inneren Bildkräfte und Symboliken hinweisen, die erst einmal freigesetzt, große psychische „wunder"-volle Energien in zu verändernde oder transformierende Lebenssituationen fließen lassen können.

Dadurch kann auch wieder ein Zugang zu dem gewonnen werden, was Religio" (Rückbindung im Sinne des „Erkenne dich selbst!") und sinnhaftes Leben bedeutet, und dass diese seelischen Themen sehr praktisch und in nachvollziehbarer Weise das persönliche Leben beglei- ten und verändern können.

Auf diese Weise können Schwierigkeiten in der eigenen Psyche und damit in der Lebensführung überwunden werden, Heilung und Erweiter- ung der Persönlichkeit werden leichter möglich.

Das Ziel bleibt in jedem Fall dasselbe:

Den Kontakt mit der Seele, mit ihren Antriebskräften herzustellen und die unendlich weise Führung kennenzulernen, die in jedem von uns lebt, die aber so wenige in die Realität umsetzen können.